Ralf Thaetner

ZEITREISE DURCH NORDHESSEN

Ausflüge
in die Vergangenheit

Wartberg Verlag

Titelfotos:
Die Sababurg; Titeleinblendung unten links: Bad Karlshafen; unten rechts:
Hessisches Kutschen- und Wagenmuseum in Lohfelden

Bildnachweis:
Robert Wolf, Liebenau, S. 7 unten; Dirk Raetzel Fabian, Kassel S. 8; Regionalmuseum Wolfhagen S. 10 oben, 11 unten und 25; Hessisches Landesmuseum Kassel, S. 13; Stadt Fritzlar S. 14 oben; Stadt Korbach S. 30; Gemeindearchiv Frielendorf S. 35; Stadt Rotenburg a.d.F. S. 42; Landkreis Kassel S. 46; Gemeinde Großalmerode S. 52 und 53; Archiv der Stadt Schwalmstadt S. 59; Gemeinde Willingshausen S. 62 und 63; Stadt Bebra S. 68; Archiv der Gebrüder Thonet GmbH, Frankenberg S. 72; Archiv der Deutschen Jugendbewegung, Witzenhausen S. 76; Andreas Vogt, Niedenstein-Wichdorf S. 80; Stadt Borken S. 81; Christel Bukowski S.86; Archiv Höfert S. 87; Alfons Kössinger, Fuldatal S. 88 und 89; Dokumentationszentrum zur Deutschen Nachkriegsgeschichte S. 90;
Rolf Wagner, Wartberg Verlag, Gudensberg S. 7 oben, 10 unten, 17, 19, 21, 24, 26-29, 31, 33, 36, 37, 39, 41, 43, 45, 47, 48, 50, 51, 54-56, 60, 65, 69, 71, 73-75, 77, 79, 82, 84, 85, 91.

Quellenhinweis:
Die Sagen wurden dem Band "Nordhessens Sagen" von Klaus Peter Rippe, Wartberg Verlag, Gudensberg entnommen.

Impressum:
Alle Rechte vorbehalten, auch die des auszugsweisen Nachdrucks und der fotomechanischen Wiedergabe.
Druck: Interdruck Leipzig GmbH
Buchbinderische Verarbeitung: Fleischmann, Fulda
© Wartberg Verlag Peter Wieden
34281 Gudensberg-Gleichen, Im Wiesental 1,
Tel.: (05603) 4451 u. 2030
ISBN 3-86134-162-X

Inhalt

Vorwort 7

In der Vorzeit
8

In grauer Vorzeit - Alt- und Mittelsteinzeit in Hofgeismar 8
In der Jungsteinzeit - das Erdwerk von Calden 10
In Ägypten baut man Pyramiden, bei Wolfhagen Hügelgräber - die Bronzezeit 12

Kelten und Germanen
14

Die Altenburg bei Niedenstein 14

Die Franken
16

Bonifatius gründet das Bistum Büraberg bei Fritzlar 16
Ein Kompromißkandidat sichert das Reich - Fritzlar 18
Einst bedeutender als Kassel - Pfalz und Kloster Kaufungen 20

Kirche und Adel, Bürger und Bauern: Das hohe Mittelalter
22

Ein Turm fehlt - die Klosterkirche Lippoldsberg 22
Huckepack in die Freiheit - die Weidelsburg 24
Hessen wird zum Reichsfürstentum - Symbol: Die Boyneburg 26
"Stadtluft macht frei - nach Jahr und Tag" - Grebenstein 28
Eine Hansestadt in Waldeck - Korbach 30
Zur Wallfahrt in den Reinhardswald - Gottsbüren 32

Im Spätmittelalter
34

Von der Burg bis zum Dornröschenschloß - die Sababurg 34
Eine Grenze mitten durch Hessen - der Turm bei Spieskappel 36
Salzsieder an der Werra - Bad Sooden-Allendorf 38

Auf zu neuen Ufern - Nordhessen in der frühen Neuzeit
40

Hessen wird protestantisch - die Synode von Homberg 1526 40
Die "Linke Gemahlin" auf der Festung - Schloß Spangenberg 42
Schiffahrt auf der Fulda - Rotenburg 44

Das Zeitalter des Dreißigjährigen Krieges
46

Alles wurde vernichtet - Eschwege im Dreißigjährigen Krieg 46
Flüchtlinge sollen den Aufschwung bringen - Karlshafen 48
Ofenplatten und Dampfkessel - Veckerhagen 50
Ton und Glas - zwei Wirtschaftszweige entwickeln sich 52
Ton, Tiegel, Töpfe - Keramik aus Großalmerode 52
Glas aus dem Reinhardswald - Immenhausen 54

Nordhessen im 18. Jahrhundert
56

Es sollte ein kleines Versailles werden - Arolsen 56
Im Siebenjährigen Krieg - das Gefecht von Wilhelmsthal 58
Soldaten zu vermieten - Ziegenhain 60
Über hundert Jahre Gestaltung - der Bergpark Wilhelmshöhe 62

Von Napoleon zur Verfassung - Nordhessen im frühen 19. Jahrhundert
64

Romantik in Hessen - die Willingshäuser Malerkolonie 64
Kurhessen bekommt eine Verfassung - Kassel 1831 66

Nordhessen im Zeitalter der Industrialisierung
68

Lokomotive der Industrialisierung - die Firma Henschel 68
Im Zug der neuen Zeit - der Eisenbahnknotenpunkt Bebra 70
Wolle und Leinen - Weberei in Melsungen 72
Der "Stuhl der Stühle" leitet das Industriezeitalter in Frankenberg ein 74

Das Ende eines Zeitalters - die Jahrhundertwende
76

An der Wiege der Urologie - Bad Wildungen 76
Die deutsche Jugendbewegung auf dem Hohen Meißner 1913 78
Der Verkehr fließt, der Strom auch - Der Bau der Edeltalsperre 80

Die 20er Jahre
82

Bergbau und Strom - Borken 82
Alles Eigenbau - Segelflieger auf dem Dörnberg 84

Nordhessen unterm Hakenkreuz
86

Der Terror gleich nebenan - das KZ Breitenau 86
Kriegsvorbereitung im Wald - die Munitionsfabrik Hirschhagen 88

Wiederaufbau und Teilung
90

Die Währungsreform 1948 - das Konklave von Rothwesten 90
Bis 1989 - die "Whisky-Wodka-Linie" von Wanfried 92

Zeittafel
94

Literaturhinweise
96

Vorwort

Dieses Buch will zweierlei: Sie über Stationen nordhessischer Geschichte informieren und Sie zu Ausflügen zu historischen Orten motivieren. Diese beiden Bestandteile stecken in dem Titel "Zeit-Reise durch Nordhessen".

Geschichtsbücher sind oftmals etwas mühsam zu lesen, es wird nicht recht vorstellbar, wie es denn damals nun zugegangen ist. Doch Geschichte ist nicht (nur) graue Theorie: Sie wird von Menschen gemacht, sie passiert an bestimmten Orten. Die Städte, Dörfer und Landschaften unserer Gegenwart waren Schauplätze "großer" und "kleiner" historischer Begebenheiten. Den Spuren dieser Ereignisse wollen wir folgen. Das gestaltet sich mitunter recht schwierig. Reste von Hügelgräbern beispielsweise sind oft kaum noch zu entdecken. In einem solchen Fall kann der "historische Spaziergang" besser im Museum stattfinden, wo die archäologischen Funde so aufbereitet sind, daß man mehr damit anfangen kann, als wenn man im Wald steht und rätselt, ob denn der bewachsene Erdhaufen am Weg natürlichen Ursprungs oder von Menschenhand gemacht ist. Andere Ziele sind von sich aus anschaulich: Streift man durch eine Burgruine oder ein Schloß, kann man sich schon eher in frühere Zeiten hineindenken. Einige Ausflüge werden nicht angenehm sein, Konzentrationslager und Spuren des II. Weltkrieges sind Zeugnisse der Barbarei in unserer Zeit.

Die Auswahl der in diesem Band vorgestellten Orte ist subjektiv aber nicht beliebig. Sie spielten alle eine Rolle in der Geschichte unserer Region. Sicherlich hätten noch weitere Dörfer und Städte behandelt werden, ja, der Radius "Nordhessen" weiter als bis Bebra, Willingshausen oder Korbach gezogen werden können. Hier galt es abzuwägen, historische und aktuelle Grenzen zu berücksichtigen und nicht zuletzt auch darauf zu achten, daß das Buch nicht zum "Wälzer" gerät, der sich kaum als Reisegepäck eignet. Die Lektüre dieses Bandes soll Ihnen Lust machen. Lust auf die Geschichte der Region und Lust darauf, sich die Schauplätze einmal anzusehen.

Vom Auftreten der ersten Menschen bis in die Nachkriegszeit spannt sich der Bogen unserer "Zeitreise". Es ist eine bewegte Geschichte, die wir da vor Augen haben. Verschiedene Kulturen treffen aufeinander, durchdringen sich oder lösen einander ab, Landesteilungen und Gebietszuwächse, wirtschaftliche Umstrukturierungen und politische Veränderungen bringen ständig sich ändernde Gegebenheiten hervor. Die Geschichte der Region steht in enger Wechselbeziehung zu den großen "welthistorischen" Strömungen. Die Epoche der Industrialisierung schlägt sich beispielsweise in der Entwicklung der Firma Henschel nieder, andererseits fand in Nordhessen auch Weltpolitik statt. So als Heinrich "der Vogler" im Jahr 919 in Fritzlar zum deutschen König gewählt wurde.

Geschichte ist nicht nur die der "großen Namen" oder berühmter Schlachten. Was haben die sogenannten "kleinen Leute" getan, wie haben sie gelebt und gearbeitet, was geschah in Orten, in denen nichts "weltbewegendes" passierte? Gerade diese Dinge sind wichtig, Alltag und Beruf in früheren Zeiten prägten den Gang der Geschichte bis zur Gegenwart.

Die Geschichte Nordhessens ist in diesem Band natürlich nicht erschöpfend behandelt, das Buch will einige wichtige Etappen und die Orte des Geschehens vorstellen und Appetit auf mehr machen: Im Staub der Jahrtausende zu stöbern ist beileibe keine trockene Angelegenheit.

Viel Spaß beim Lesen und Erkunden!

Vorzeit

150 000 - 5000 v. Chr.

Aufgrund von Knochenfunden kann man sich heute ein annäherndes Bild vom Neandertaler machen

In der Vorzeit

Dieser Zeitraum umfaßt eine Zeitspanne von mehreren hunderttausend Jahren, vom ersten Auftreten des Menschen in unseren Breiten bis zum Ende der Bronzezeit. Unsere frühen Vorfahren, die Neandertaler, waren noch Nomaden, die gerade erst begannen, sich in der Natur zu behaupten. Sie lebten in Höhlen und benutzten grob bearbeitete Steinwerkzeuge. Erst der vor 35.000 Jahren erscheinende Cro-Magnon-Mensch entsprach etwa unserem heutigen Erscheinungsbild. Ungefähr zwischen 10.000 und 5.000 v. Chr. lernten die Menschen im Vorderen Orient nicht nur zu jagen und zu sammeln, sondern auch zu säen und Vieh zu züchten - der erste Schritt zur Seßhaftigkeit war getan. In Hessen lebten die Leute immer noch als Nomaden, waren aber mittlerweile in der Lage, sehr viel präzisere Steinwerkzeuge herzustellen. Die frühesten Reste von Siedlungen und größeren Bauwerken in Nordhessen stammen aus der Jungsteinzeit, das Erdwerk von Calden und das Steinkammergrab von Züschen stammen aus dieser Epoche. Die Menschen siedeln in größeren Gemeinschaften, betreiben Ackerbau und Viehzucht und stellen Keramik her. Vor knapp viertausend Jahren beginnen unsere Vorfahren auch in Nordhessen, Geräte aus Bronze herzustellen. Damit beginnt mit ziemlicher Verspätung - im Vorderen Orient war Bronze schon lange bekannt - auch in Nordhessen ein enormer kultureller Umbruch. Die Steinzeit geht zu Ende, Waffen, Schmuck und Gebrauchsgegenstände werden nun aus Metall hergestellt. Es ist die Zeit der "Hügelgräber" und ab 1.200 vor Christus der "Urnenfelderkultur". Wir haben es dabei mit zwei völlig unterschiedlichen Kulturen zu tun. Während im ersten Fall die Toten unversehrt unter Erdhügeln bestattet werden, werden sie in der späten Bronzezeit verbrannt und in Urnen auf Friedhöfen beigesetzt.

In grauer Vorzeit - Alt- und Mittelsteinzeit in Hofgeismar

Heute vor hunderttausend Jahren sah die Landschaft noch anders aus. Während der letzten Eiszeit lagen die Temperaturen 8-12° unter den heutigen, der Bewuchs ähnelte dem der sibirischen Tundra. Wir sind in der mittleren Altsteinzeit, Bären, Hirsche und Rentiere ziehen durch die Steppe, aber auch heute ausgestorbene Tierarten, wie das Mammut oder das Wollnashorn. Unsere Vorfahren, die wohl kaum dem heutigen Schönheitsideal entsprechen, waren auch dabei: Die Neandertaler, so genannt nach einem Fundort in der Nähe Düsseldorfs. Sie lebten als Jäger und Sammler, die in kleinen Gruppen umherzogen und sich zum Schutz vor Kälte, Regen und wilden Tieren in Höhlen zurückzogen, der Bau von Häusern war ihnen unbekannt. Das Geheimnis Feuer zu machen kannten sie bereits, ebenso waren sie in der Lage, aus Feuerstein Werkzeuge herzustellen, sogenannte Faustkeile. Vermutlich entwickelten sie auch Vorstellungen vom Tod, denn sie begruben die Verstorbenen. Auf die Anwesenheit dieser frühen Menschen deutet der Fund von Steinwerkzeugen am Desenberg, westlich Liebenaus hin. Hier befand sich offensichtlich ein Lagerplatz, eine sogenannte "Freilandstation", einer Gruppe von Neander-

Daten aus der Geschichte

600.000 - 10.000 v. Chr.: Altsteinzeit: Neandertaler, Faustkeilfunde am Desenberg

Ca. 37.000 v. Chr.: Cro-Magnon-Mensch

10.000 - 5.000 v. Chr.: Mittelsteinzeit: Jäger, Fischer und Sammler, Herstellung von Mikrolithen, Fundplatz bei Hombressen

Seit etwa 10.000 v. Chr.: vermutlich vom Vorderen Orient ausgehende sogenannte "Neolithische Revolution", der Mensch wird seßhaft, der Hund zum ersten Haustier in Europa domestiziert

Vergleichbares aus der Region

Die Abteilung Vor- und Frühgeschichte des Hessischen Landesmuseums in Kassel bietet anschaulich aufbereitetes Fundmaterial aus dieser Epoche

Alt- und Mittelsteinzeit — Hofgeismar

Blick auf den Desenberg

Information

Verkehrsamt der Stadt Hofgeismar,
Tel. 05671/88830

Touristische Tips

Im ältesten Gebäude Hofgeismars, dem Steineren Haus in der Apothekenstraße, ist ein **Apothekenmuseum** eingerichtet. Anmeldung Tel. 05671/748

Auf den Spuren Hofgeismars Vergangenheit als Badeort kann man im **Stadtteil Gesundbrunnen** wandeln. Zu sehen ist dort noch das Brunnentempelchen mit der Quelle und das Schlößchen Schönburg.

Etwa 12 km nordöstlich von Hofgeismar steht mitten im Reinhardswald das „**Dornröschenschloß**" Sababurg, ein Teil der Burganlage kann besichtigt werden.

Ein bedeutendes Natur- und Kulturdenkmal ist der historische Tierpark am Fuß der Sababurg. Informationen rund um den Wald gibt ein **Forst- und Jagdmuseum** im Tierpark.

In unmittelbarer Nähe des Tierparks liegt der „**Urwald**", ein seit 1907 naturbelassenes Waldstück mit beeindruckenden 600 bis 1000 Jahre alten Eichen.

In den Stadtteilen **Carlsdorf, Kelze und Schöneberg** stehen typische Hugenottenkirchen. Carlsdorf ist die älteste Hugenottensiedlung Deutschlands.

talern. Die Datierung der Quarzit-, Feuerstein- und Kieselschieferwerkzeuge ist äußerst unsicher. Man kann sie grob auf ein Alter von 40.000 bis 150.000 Jahren schätzen. Fast zur gleichen Zeit wie die letzten Neandertaler, die sich nicht weiterentwickelten, erschien ein Menschentypus, der unserer heutigen Gestalt entspricht. Vor etwa 35.000 Jahren schuf der "Cro-Magnon-Mensch", so benannt nach einem Fundort in Südfrankreich, Höhlenmalereien sowie kleine Figuren aus Knochen.

In der folgenden Periode, der Mittelsteinzeit, etwa von 10.000 bis 5.000 v. Chr., wird das Klima wieder angenehmer, es wird langsam wärmer. Die karge Tundra weicht einer blühenden Vegetation. Auch die Tierwelt ändert sich, die Großtiere der Kaltzeit verschwinden, und es entwickelt sich ein reicher Wildbestand. Die Menschen dieser Epoche ziehen zwar immer noch als nomadisierende Jäger, Fischer und Sammler umher, aber ihre technischen Fertigkeiten haben sich beträchtlich erweitert. So entwickeln sie verfeinerte Verfahren zur Steinbearbeitung, mit denen es nun möglich ist, sehr kleine Steingeräte, "Mikrolithen", herzustellen, die als Speer- oder Pfeilspitzen dienen. Spuren dieser Kultur fanden sich bei Hofgeismar, Beberbeck und Hombressen. 1974 entdeckte Helmut Burmeister, der Leiter des Museums Hofgeismar, den bedeutenden Fundplatz an der Ostseite des Distelkopfes bei Hombressen. Rund 10.000 Fundstücke, zumeist aus Feuerstein und Kieselschiefer, konnten geborgen werden. Dabei handelte es sich um Abschläge, Klingen und Mikrolithen. Anscheinend hatte hier eine Gruppe von Jägern sich eine Art Basislager eingerichtet. Zu sehen sind die Funde, anschaulich aufbereitet, im Museum Hofgeismar. Neben den Abteilungen Ur- und Frühgeschichte kann man sich dort auch über die Geschichte der Hofgeismarer Garnison informieren, Zeugnisse jüdischen Lebens in Hessen betrachten oder den Spuren der eingewanderten Hugenotten und Waldenser nachgehen. Auch der Nachlaß des Bildhauers Wilhelm Hugues findet sich hier sowie rund vierhundert Originale des "Schlachtenmalers" Theodor Rocholl. Erweitert wird das Angebot durch den Bereich "experimentelle Archäologie": Der Töpfer Michael Daskalakis stellt nach uralten Verfahren Tongefäße her, um so Aufschluß über frühere Herstellungsverfahren zu gewinnen.

Die Abteilung Vor- und Frühgeschichte im Museum Hofgeismar

Vorzeit

5000 - 1800 v. Chr.

In der Jungsteinzeit - das Erdwerk von Calden

1976 entdeckte der Kasseler Pilot Siegfried Einzmann beim Anflug auf Calden in den Feldern südlich des Flugplatzes eigenartige Verfärbungen. Sie sollten sich als Spuren einer der bedeutendsten jungsteinzeitlichen Befestigungsanlagen erweisen. Es fällt schwer, sich das Leben in jenen Zeiten vorzustellen. Wir befinden uns - vor etwa 5000 Jahren - in der Jungsteinzeit. Die Menschen waren mittlerweile seßhaft geworden, lebten nicht mehr als Jäger und Sammler, sondern betrieben Ackerbau und Viehzucht. Man baut feste Häuser und benutzt Werkzeuge aus Stein und Geschirr aus Keramik, das zum Teil reich verziert wird. Metall ist noch weitgehend unbekannt, lediglich aus Kupfer werden ab und zu Schmuckgegenstände hergestellt. Viele dieser Kulturen werden von den Fachleuten nach wichtigen Fundorten oder typischen Gegenständen benannt. Vor allem in Nordhessen bekannt ist die Wartberg-Kultur, benannt nach dem Wartberg bei Kirchberg und Gleichen. Diese Leute haben nun eine besondere Art, ihre Toten zu bestatten. In den manchmal über zwanzig Meter langen "Großsteingräbern" werden die Toten in mehreren Schichten übereinander beerdigt. Markante Beispiele dieser Gräber finden sich beispielsweise in Züschen und auch bei Calden. Das Grab von Züschen ist insofern von besonderer Bedeutung, als sich dort die ersten bildlichen und ornamentalen Steinarbeiten in Hessen befinden. Es ist nicht ganz klar, woher diese Kultur eigentlich kam; es gibt jedoch Vermutungen, daß westeuropäische Einflüsse eine wichtige Rolle spielten. Erstaunlich, daß Leute, die so gut Steine bearbeiten konnten, nicht auch auf die Idee kamen, ihre Häuser ebenfalls daraus zu bauen.

Die Wartberg-Leute taten noch etwas Eigenartiges. Bei Calden legten sie eine riesige Befestigung von circa 450 Meter Durchmesser an. In den letzten Jahren gelang es den Archäologen mit ausgeklügelten Methoden jenes Bauwerk, das für den Laien überhaupt nicht erkennbar ist, zu erfassen. Demnach handelt es sich um eine kreisförmige Anlage, gesichert durch zwei Gräben mit einem dazwischen liegenden Wall. Hinter dem inneren

Daten aus der Geschichte

Ca. 4.000 - 1.800 v. Chr.: Jungsteinzeit: Ackerbau und Viehzucht in Nordhessen. Bandkeramische-, Rössener-, Michelsberger Kultur

Wartberg-Kultur: Calden, Steinkammergrab Züschen. Befestigte Siedlungen, Kollektivgräber

Etwa ab 2.700 v. Chr. beginnt in Ägypten der Bau von Pyramiden, Erfindung der Keilschrift im Vorderen Orient (Bilder-Schrift-Systeme sind noch wesentlich älter), Schwein und Ziege werden in Europa domestiziert, Verbreitung des Webstuhls

Vergleichbares aus der Region

Das Steinkammergrab bei Züschen gehört neben der Anlage von Calden zu den herausragenden Zeugnissen jener Zeit in unserer Region

Luftbild vom Caldener Erdwerk nach dem Abheben des Bodens

Jungsteinzeit — Calden

Das Steinkammergrab in Züschen

1894 wurde bei Züschen das mittlerweile berühmte Steinkammergrab entdeckt. Es stammt aus der Jungsteinzeit und wird auf ein Alter von ungefähr viereinhalbtausend Jahren geschätzt. Die Anlage ist 20 Meter lang, 3 Meter breit und 1,5 Meter tief. Auf den schweren Steinplatten, die die Wände bilden, finden sich stilisierte Ritzzeichnungen mit der vermutlich frühesten Darstellung eines Ochsenkarrens in Europa. Den Eingang bildet der sogenannte Seelenlochstein (nach Straub).

Wall verlief eine doppelte Palisade. An verschiedenen Stellen ist der Befestigungsgürtel unterbrochen; teilweise wohl für Bastionen, teilweise für höchst komplizierte Torkonstruktionen. Zweierlei ist an dieser Anlage seltsam. Um ein Bauwerk von diesen Ausmaßen zu errichten - allein für die Palisaden wurden zehn- bis zwanzigtausend Bäume gefällt - mußten sehr viele Leute zusammenarbeiten. Das war kein Werk einer Dorfgemeinschaft oder einiger Sippen. Diese Leute müssen also eine Art politischer oder religiöser Organisation gehabt haben, über die wir nichts wissen. Als reine Befestigung wäre das Erdwerk außerdem ziemlich ungeschickt plaziert: Der Ort ist von verschiedenen Seiten her gut einsehbar, auf einem der umliegenden Hügel wäre eine solche Festung viel sinnvoller. Da die Innenfläche wenig bebaut war, kann es auch keine Siedlung gewesen sein. Funde von Tierknochen, menschlichen Schädelteilen und Hirschgeweihen im Bereich der Umwallung weisen in eine andere Richtung: Vermutlich diente die Anlage auch kultischen Zwecken. Calden scheint damals ein politischer und religiöser Mittelpunkt der ganzen Region gewesen zu sein. Die Planmäßigkeit der Wallanlagen und die ausgetüftelten Torkonstruktionen sind bislang einzigartig in der mitteleuropäischen Jungsteinzeit. Die Auswertung der Ausgrabungen wird wohl noch etwas dauern. Auf die Ergebnisse kann man gespannt sein.

Information

Gemeinde Calden, Holländische Str. 35, 34379 Calden, Tel. 05674/7020

Touristische Tips

In unmittelbarer Nähe des Ausgrabungsgeländes liegt der **Flugplatz Calden**, von dem regelmäßig vor allem kleinere Verkehrsmaschinen starten. Motorrundflüge, Heißluftballonflüge und Hubschrauberrundflüge können hier gebucht werden. Eine Ultraleichtflieger- und eine Fallschirmspringerschule haben ihren Sitz ebenfalls dort.

Zwei Kilometer südlich der Ortschaft Calden liegt eines der schönsten Rokoko-Schlösser Deutschlands: **Schloß Wilhelmsthal** in einem 36 Hektar großen Park. Das Schloß kann von März bis Oktober besichtigt werden. Im Sommer finden im Rokokogarten Wasserspiele statt und mehrmals im Jahr werden Konzerte in Wilhelmsthal gegeben.

Nördlich von Züschen liegt ein **Steinkammergrab** von rund 20 m Länge aus dem 3. Jahrtausend vor Chr. Das Grab kann besichtigt werden.

Vorzeit

1800 - 800 v. Chr.

Grabhügel bei Wolfhagen

In Ägypten baut man Pyramiden, bei Wolfhagen Hügelgräber - die Bronzezeit

Vor ungefähr viertausend Jahren befinden wir uns an einem entscheidenden Wendepunkt. Zeugnisse dafür kann das geübte Auge in den Wäldern westlich Wolfhagens entdecken, wer es anschaulicher haben möchte, kann Photographien und Ausgrabungsfunde im Museum Wolfhagen besichtigen.

Gegen Ende der Steinzeit dringen aus dem Osten starke und kriegerische Stämme vor, die das Pferd als Reittier mitbringen. Sie sind wohl weniger Ackerbauern, als vielmehr Jäger und Viehzüchter und sie bestatten ihre Toten in Einzelgräbern unter großen Grabhügeln. Etwa zweitausend Jahre vor unserer Zeit dringt vom Vorderen Orient her langsam die Kunde über einen neuen Werkstoff bis in unsere Gegend: Bronze! Leider waren unsere Vorfahren nicht so fortschrittlich, wie die Völker im östlichen Mittelmeerraum, die bereits Städte bauten, Staaten gründeten und lesen und schreiben konnten, wir sind also auf die Befunde der Archäologen angewiesen. Durch die Mischung von Kupfer und Zinn erhält man die außerordentlich vielseitig verwendbare Bronze. Aus dem neuen Material werden sowohl Gegenstände des täglichen Bedarfs, wie etwa Gewandnadeln, Becher und Schmuck, aber auch Waffen hergestellt. Die Menschen dieser Zeit siedeln vor allem in den Höhenlagen und setzen die Tradition der Hügelgräber fort, die allerdings größer und komfortabler als ihre steinzeitlichen Vorläufer sind. Der Aufwand für solche Grabhügel muß immens gewesen sein, so daß wir wohl davon ausgehen können, daß in erster Linie Häuptlinge, Sippenälteste und deren Frauen auf diese Art bestattet wurden. Allerdings läßt sich kaum mehr feststellen, wieviele solcher Gräber es wirklich gab, da die meisten wohl durch die Ausbreitung der Landwirtschaft zerstört worden sind.

Daten aus der Geschichte

1.800 - 800 v. Chr.: Bronzezeit

1.800 - 1.200 v. Chr.: Bau von Hügelgräbern in Hessen, Herstellung von Schmuck, Waffen und Geräten aus Bronze, Aufschwung der Viehzucht.
Hochkulturen im Vorderen Orient und östlichen Mittelmeerraum

1.200 - 800 v. Chr.: Urnenfelderzeit, Verbrennen der Toten und Bestattung in Urnen auf Friedhöfen, Rückgang der Weidewirtschaft, Aufschwung des Ackerbaus, Besiedelung der fruchtbaren Täler.

In Palästina: Bau des Tempels von Jerusalem, König David und Salomon

Vergleichbares aus der Region

Grabhügel der späten Jungsteinzeit und frühen Bronzezeit finden sich in großer Anzahl auch im nordwestlichen Teil des Landes, bei Breuna und Liebenau.

Sage

Wie die Stadt Wolfhagen zu ihrem Namen kam

Wo heute die Stadt Wolfhagen liegt, befand sich früher ein Wald oder ein Hagen. Vor vielen hundert Jahren waren einige Bewohner aus der Umgebung der heutigen Stadt dabei, ein Waldstück zu roden, als plötzlich ein Wolf auf sie zukam. Die Arbeitenden erschraken sehr darüber und hatten fürchterliche Angst, doch der Wolf fügte ihnen kein Leid zu. Sie setzten ihre Arbeit in Ruhe fort, und als sie die Stelle gerodet hatten, errichteten sie dort einige Häuser. Zum Andenken an die friedliche Begegnung mit dem Wolf erhielt der Ort den Namen "Wolfhagen". Noch heute führt die Stadt einen Wolf in dem Wappen und hält so die Erinnerung an die wundersame Begegnung aufrecht.

Bei Viesebeck wurden Hügelgräber gefunden

Bronzezeit — Wolfhagen

Im Westen Wolfhagens, zwischen Viesebeck und Leckringhausen, wurden allein sechs solcher Hügelgräberfelder nachgewiesen. Die Toten wurden in einer steinernen Grabkammer beigesetzt. Leider ist nicht ganz klar, ob auch in jedem Fall Grabbeigaben wie Schmuck oder Waffen dazugehörten. Über der grabkammer wurde ein Erdhügel aufgeschichtet, der wiederum von einem Kranz von Steinplatten umgeben war. Bedenkt man diese kostspielige Grablege, muß der Totenkult also eine sehr große Rolle gespielt haben. Die Leute gingen damals offenbar davon aus, daß die Toten im Jenseits körperlich weiterlebten, wozu sie Kleidung, Nahrung und eben ihren unversehrten Körper brauchten.

Um 1200 vor Christus muß es zu einem kulturellen und politischen Umbruch größten Ausmaßes, einer regelrechten Völkerwanderung gekommen sein. Die Hügelgräberkultur verschwindet, nunmehr werden die Toten verbrannt und ihre Asche in Urnen auf geschlossenen Friedhöfen beigesetzt. Nach dieser Sitte wird die Zeit von 1200 bis 800 v. Chr. bei uns als "Urnenfelderkultur" bezeichnet. Die neuen Bewohner scheinen auch andere Wirtschaftsformen zu bevorzugen. Sie betreiben weniger Weidewirtschaft und Viehzucht, sondern vermehrt Ackerbau. Auch die Siedlungen liegen nun nicht mehr auf den Höhen, sondern in den fruchtbaren Tälern. Reste solcher Urnen finden sich ebenfalls im Museum der Stadt Wolfhagen.

Touristische Tips

Bei Ippinghausen, ca. 6 km südlich von Wolfhagen liegt die **Weidelsburg** (siehe Seite 24 f).

Sehenswert ist auch das **Regionalmuseum im alten Renthof**, das von prähistorischen Funden bis zu Exponaten der jüngeren Vergangenheit historische Kostbarkeiten für den Besucher bereithält, Tel. 05692/1808.

Das **Wasserschloß Elmarshausen,** ca. 2 km nördlich von Wolfhagen, ist das südlichste Beispiel der Weserrenaissance, kann aber nur von außen besichtigt werden.

Das **Bergplateau in Burghasungen,** ca. 6 km östlich von Wolfhagen war Standort einer bedeutenden Benediktinerabtei. Heute ist davon nur noch eine Gedenkplakette zu sehen, Reste befinden sich aber im Klostermuseum und können nach Absprache mit dem Ortsvorsteher Karl Schäfer, Hasunger Str. 11a, Tel. 05606/7125 besichtigt werden.

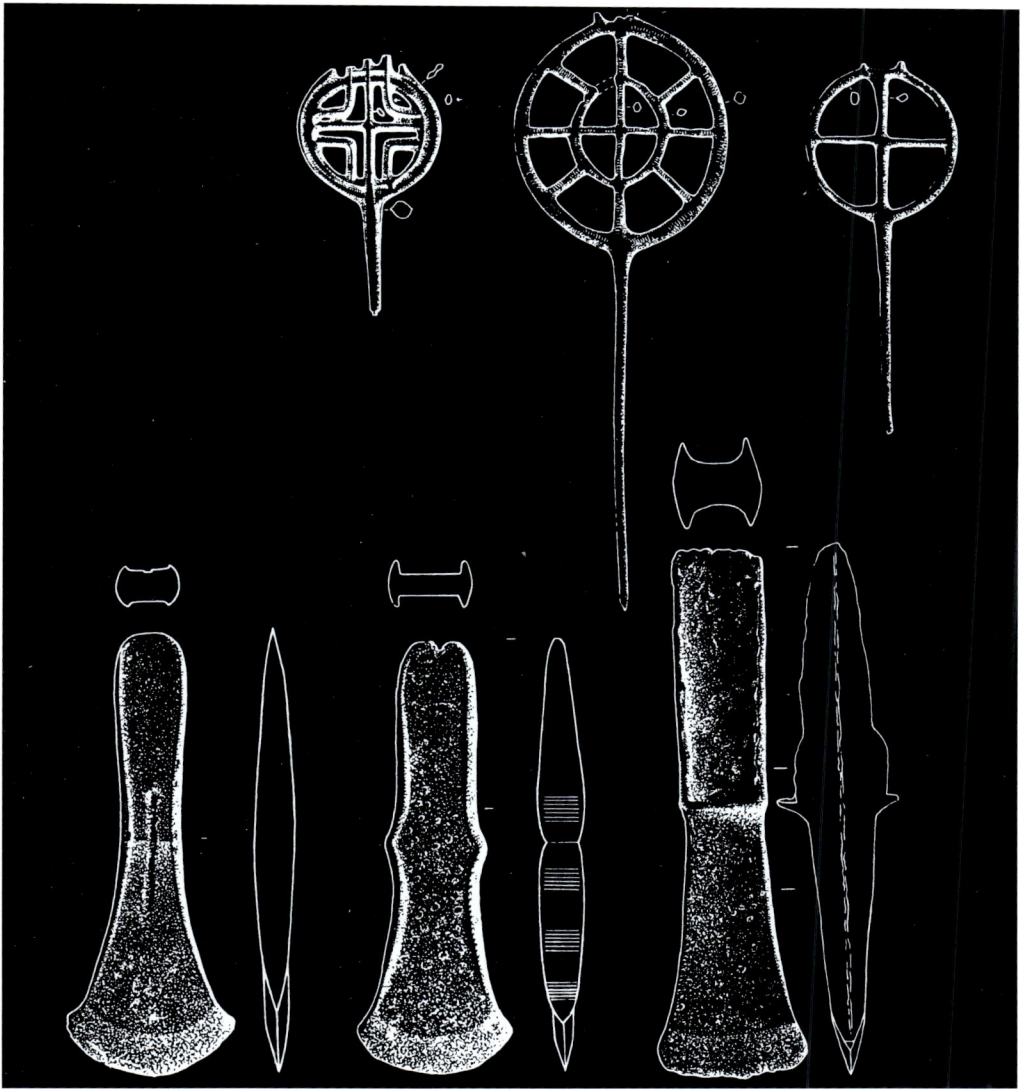

Bronzezeitliche Beile und Radnadeln aus Grabhügeln bei Wolfhagen

Kelten und Germanen

500 v. Chr. - 500 n. Chr. Geburt

Auf diesem Hügel bei Niedenstein stand die Altenburg

Kelten und Germanen

Anscheinend vollzieht sich der Übergang von der Bronze- zur Eisenzeit in Nordhessen ohne einschneidende Veränderungen. Vor ungefähr dreitausend Jahren dringt die Eisenverarbeitung von Kleinasien und den Mittelmeerländern auch nach Mitteleuropa vor. In Hessen macht sich diese neue Entwicklung erst etwas später bemerkbar, etwa ab 750 v.Chr. Ob die Menschen dieser sogenannten "Hallstatt-Zeit" bereits als Kelten anzusehen sind, ist umstritten. Sicher siedelten keltische Stämme in der "Latène-Zeit" ab 500 v.Chr. in Hessen. Über ihren Ursprung weiß man nichts Genaues, sie bildeten auch nie einen Staat, ihre Zusammengehörigkeit drückt sich eher in der Sprache und Kultur aus. Den Römern fallen sie erstmals 387 v.Chr. unangenehm auf, als der keltische Häuptling Brennus mit seinen Kriegern Rom verheert. Um die Zeitenwende drangen germanische Stämme in das keltische Hessen ein. Wie diese Zuwanderung vonstatten ging, ist noch ungeklärt. Die Stämme der Chatten und Mattiaker gelten als die ersten germanischen Gemeinschaften in Hessen. Diese Stämme standen in einem zwiespältigen Verhältnis zum römischen Reich, das sich bis in das Rhein-Main-Gebiet ausgedehnt hatte: Krieg und Handel wechselten einander ab. Die Zeit der Völkerwanderung vom dritten bis vierten nachchristlichen Jahrhundert - ein solcher Vorgang läßt sich nicht auf das Jahr genau eingrenzen - beendet die römische Herrschaft in Südhessen, aber auch die Chatten erscheinen nicht mehr. Teile des Stammes mögen sich der Völkerwanderung in Richtung Südwesten angeschlossen haben, andere gerieten wohl unter fränkische Herrschaft. Der nordhessische Raum ist in jener Zeit vermutlich nur sehr dünn besiedelt, zunächst dringen keine neuen Völkerschaften in diese Region vor.

Daten aus der Geschichte

Ab 750 v. Chr.: Eisenzeit in Hessen: Geräte und Waffen aus Eisen

Bis ca. 500 v. Chr.: Hallstatt-Zeit, in Griechenland kulturelle Blüte, Homer schreibt Ilias und Odyssee, Olympische Spiele (ab 776 v.Chr.)

Ab 500 v. Chr.: Latène-Zeit: Keltische Siedlungen in Hessen, Bau großer Befestigungen und stadtartiger Anlagen, sogenannter Oppida (Altenburg) Aufstieg Roms zur Weltmacht.

In den drei "Punischen Kriegen" **264 - 146 v.Chr.** wird Roms bedeutendster Widersacher, Karthago, vernichtet.

Ab 55 v. Chr.: Caesar unternimmt Kriegszüge über den Rhein und nach Britannien

44 v. Chr.: Caesar im Senat von Brutus ermordet

Ab Christi Geburt: Chatten siedeln in Hessen

9 n. Chr.: Schlacht im Teutoburger Wald

14 - 16 n. Chr.: Germanenfeldzüge des Germanicus

85 - 117 n. Chr.: Bau des Limes

213 n. Chr.: Letzte Erwähnung der Chatten durch Dio

454/455 n. Chr.: Ende der römischen Herrschaft in Mainz

476 n. Chr.: Ende des weströmischen Reiches

Vergleichbares aus der Region

Auch auf dem Christenberg bei Münchhausen, Kreis Marburg-Biedenkopf, erhob sich etwa von 400 v.Chr. bis zur Zeitenwende eine keltische Wallanlage. Reste chattischer Siedlungen fanden sich unter anderem bei Geismar, Kirchberg und Gudensberg.

Die Altenburg bei Niedenstein

Bevor die Germanen kamen, siedelten Kelten in unserer Gegend. Die Altenburg bei Niedenstein war eine ihrer Fliehburgen. Die Blütezeit der Latène-Kultur beginnt in Hessen ungefähr im Jahre 100 vor Christus. Die keltischen Stämme betreiben intensiv Landwirtschaft und bauen auf den Hügeln große Ringfestungen. Offensichtlich bestanden damals rege Handelsbeziehungen zur Mittelmeerwelt, das belegen nicht nur die künstlerischen Einflüsse, sondern auch die Siedlungen. Nach dem Vorbild antiker Städte entstehen auch hier fast stadtartige Anlagen, sogenannte "Oppida". Über die Herkunft der Kelten gibt es kaum gesicherte Erkenntnisse. Klar ist, daß sie in weiten Teilen Europas siedelten, sich in Gallien, Spanien, später auch England und Irland häuslich niederließen. Allem Anschein nach verschwinden die keltischen Stämme um Christi Geburt aus Nordhessen. Möglicherweise wurden sie von den um diese Zeit nach Süden vordrängenden germanischen Stämmen verdrängt oder vermischten sich mit ihnen.

In der Nähe Niedensteins erhob sich einst die mächtige Altenburg, eine Festungsanlage, die schon zur Steinzeit benutzt wurde. In keltischer Zeit umschloß die Ringwallanlage ein Gebiet von fünfzehn Hektar. Es handelt

Kelten und Germanen — Altenburg

sich nicht um eine Burg, die nur in Notzeiten aufgesucht wurde, sondern um ein relativ dicht besiedeltes "Oppidum". Die Archäologen fanden keltische Münzen, Fibeln, Zierscheiben eines Pferdegeschirrs sowie auch Reste von Keramik. Wir müssen uns das Leben auf der Altenburg zu jener Zeit fast städtisch vorstellen. Die Bewohner trieben nicht nur Ackerbau und Viehzucht, es gab spezialisierte Handwerksbetriebe, möglicherweise sogar eigene Münzprägestätten. Man vermutet auch, daß sich innerhalb der Umwallung eine Art Kultbezirk befand. Dabei ist unklar, ob sich die Kelten ihre Götter in Menschengestalt vorstellten, oder ob sie ursprünglich eher unpersönlich, in Form von Quellen, Flüssen oder heiligen Bäumen, verehrt wurden. Von dem keltischen Heerführer Brennus jedenfalls wird erzählt, daß er einen Lachanfall bekam, als er hörte, daß die Griechen ihren Göttern menschliche Gestalt gaben. Gut möglich, daß erst durch den engen Kontakt mit Griechen und Römern die Kelten ähnliche Vorstellungen entwickelten. Die Griechen ihrerseits hatten übrigens auch etwas zu lachen, erschien ihnen doch die keltische Sitte lange Hosen zu tragen, ziemlich ulkig.

Über die um Christi Geburt eingewanderten Chatten berichtet der römische Historiker Tacitus. Demnach lebten die Chatten wohl in kleineren Siedlungen, nicht aber in befestigten Orten. Sie seien hervorragende Krieger, die sich ihr wallendes Haupt- und Barthaar erst schneiden ließen, wenn sie ihren ersten Gegner erschlagen hätten. Als der römische Feldherr Germanicus 15 n. Chr. während eines Rachefeldzuges in das Hauptsiedlungsgebiet der Chatten südlich von Kassel vorstieß, zerstörte er auch deren Hauptstützpunkt "Mattium". Ob es sich dabei um das heutige Metze oder Geismar, wo sich Reste einer chattischen Siedlung fanden oder eher um den Namen eines Bezirkes handelt, ist unklar. Geblieben ist von ihnen, die wieder im Dunkel der Geschichte verschwanden, lediglich der Name: Vermutlich wurde er nicht hart:"Katten", sondern weich:"Hatten" ausgesprochen. Diese Aussprache könnte sich über "Hassia" zu "Hessen" entwickelt haben. Der Name "Hessi" taucht erstmals im Jahr 738 in einem Brief Papst Gregors III. an den Missionar Bonifatius auf.

Information
Stadt Niedenstein

Touristische Tips

Das Gebiet der ehemaligen **Altenburg** erreicht man von Niedenstein über den **Altenburger Weg**. Außenwall und Mittelwall der größten Ringwallanlage Hessens sind noch zu erkennen. Fundstücke können im Hessischen Landesmuseum in Kassel besichtigt werden.

Ca. 6 km in westlicher Richtung liegt die **Burgruine Falkenstein**.

Ein besonderes Naturdenkmal ist die **Tanzlinde** vor dem „Wichdorfer Tor" in Niedenstein. Die tausendjährige Linde war vermutlich auch Gerichtsort.

Grabungsfunde aus der Altenburg: links Gürtelschnalle und Pferdegeschirre, oben Eichentür

Frühes Mittelalter

St. Brigida auf dem Büraberg

Daten aus der Geschichte

6. - 7. Jahrhundert: Hessen gerät unter fränkischen Einfluß

721 Bonifatius gründet das Kloster Amöneburg

723 Bonifatius fällt bei Geismar die heilige Donar-Eiche, Gründung der Bistümer Büraberg und Fulda

5.6.754 Ermordung Bonifatius' in Dokkum

ab 774 Sachsenkriege, Belagerung der Büraburg

800 Karl der Große wird zum Kaiser gekrönt

Die heute noch existierende Brigidakirche reicht in den Fundamenten in das 8. Jahrhundert zurück, Chor romanisch, Umbau nach Zerstörungen im Dreißigjährigen Krieg

Sage
Bonifatius rettet Fritzlar
Im Siebenjährigen Krieg lagen einmal die Franzosen in Fritzlar. Da erschien der Feind vor der Stadt und beschoß sie sehr heftig. Alle Bürger klagten und jammerten laut. Plötzlich aber hieß es, Bonifatius sei wiedergekommen, um seine Stadt vor ihrer Bedrängnis zu retten. Alle strömten dem Haddamarer Tor zu und sahen dort den Heiligen auf der Mauer stehen. Er hielt ein großes weißes Tuch in den Händen und fing damit die Kugeln der Feinde auf. Die Kugeln prallten auf die Feinde zurück und töteten sie. Von der Stadt her wurde aber auch nicht eine Muskete abgeschossen. Da ergriff die feindlichen Krieger Angst und Schrecken und sie machten, daß sie fortkamen. Alsbald war Bonifatius wieder von der Mauer verschwunden.

Vergleichbares aus der Region
Auf seiner ersten Missionsreise nach Hessen gründete Bonifatius 721 in Amöneburg bei Kirchhain eine Kirche.

Die Franken

Ein weiter Bogen spannt sich von der Christianisierung Nordhessens bis zum Mittelalter. Schon seit dem 6. Jahrhundert geriet das frühere Gebiet der Chatten unter fränkischen Einfluß. Zur Zeit der Merowinger beginnt die planmäßige Bekehrung der heidnischen Bevölkerung. Zwar gab es schon vorher vereinzelt christliche Gemeinden, aber erst Bonifatius treibt die Missionierung so richtig voran. Die Büraburg bei Fritzlar, eine fränkische Garnison, wird Hessens erster Bischofssitz. Auch das Vordringen der Sachsen zur Zeit Karls des Großen kann die Entwicklung nicht aufhalten. Über hundert Jahre nach seinem Tod, im Jahr 919, wird hier Reichsgeschichte geschrieben. Nahe der Stammesgrenze zwischen Franken und Sachsen, in Fritzlar, wird der sächsische Herzog Heinrich zum deutschen König gewählt. Dieser Vorgang gilt als die Geburtsstunde eines selbständigen deutschen Reiches. Die Stammeskriege waren damit zwar noch nicht endgültig beendet, aber ein wichtiger Schritt zur Einigung war vollzogen. Das Leben in jener Zeit wurde fast ausschließlich durch die Landwirtschaft geprägt, Städte gab es kaum. Besonders Nordhessen war ein rein agrarisch strukturiertes Gebiet. Den Aufstieg der Kirche zur mächtigen - nicht nur geistlichen - Gewalt und gleichzeitig die Kritik am prunkvollen Lebensstil der Kirchenfürsten dokumentiert der Aufschwung der Klöster. Das Kloster Kaufungen zum Beispiel, als Kaiserpfalz gegründet und nach der Zerstörung als Benediktinerinnenkloster durch die Kaiserin Kunigunde wiederaufgebaut, war weitaus mächtiger, als das noch in seinen Anfängen steckende Kassel.

Bonifatius gründet das Bistum Büraberg bei Fritzlar

Die Büraburg südwestlich von Fritzlar war der erste Bischofssitz in Hessen. Die Christianisierung Nordhessens im frühen Mittelalter war ein Meilenstein der historischen Entwicklung unserer Region. In jenen Jahren gehörte Hessen zum Einflußbereich der fränkischen Könige, für die der katholische Glaube gleichsam Staatsreligion war. Die Nordhessen aber wollten nicht so recht und verehrten lieber ihre alten heidnischen Götter. Erst als Papst Gregor II. den angelsächsischen Missionar Winfried "Bonifatius" am 30. November 723 zum Bischof weiht, kommt Schwung in die Sache. Im Schutz fränkischer Garnisonstruppen der Büraburg läßt Bonifatius es auf eine Machtprobe ankommen: Im Herbst 723 läßt er bei Geismar die dem germanischen heidnischen Gott Donar geweihte heilige Eiche fällen. Da ihn kein strafender Blitz des Gottes traf, konnte es also mit der Macht Donars nicht so weit her sein. Diese Demonstration und die Anwesenheit fränkischer Soldaten überzeugten die Bevölkerung, daß es wohl doch besser wäre, sich taufen zu lassen.

Die Christianisierung Hessens geriet zwar zur Zeit Karls des Großen etwas ins Stocken, als heidnische Sachsen im letzten Drittel des 8. Jahrhunderts nach Süden vordrangen. Mit ihrer Unterwerfung und der Zerstörung ihres Heiligtums, der Irminsul bei Obermarsberg, waren aber dann sowohl die fränkische Herrschaft, als auch das Christentum gesichert. Bonifatius selbst hatte weniger Glück. In Friesland reagieren die Leute

Bistum Büraberg — Fritzlar

sehr empfindlich auf seine Missionsversuche, am 5. Juni 754 wird er in Dokkum mit zahlreichen Begleitern erschlagen. Sein Leichnam wird im Kloster Fulda beigesetzt.

Die fränkische Festung auf dem Büraberg geht vermutlich auf eine chattische Siedlungsstätte zurück. Heute steht auf der höchsten Stelle der Bergkuppe eine kleine, der hl. Brigida geweihte Wallfahrtskirche, deren Fundamente teilweise aus dem 8. Jahrhundert stammen. Möglicherweise ist sie aber noch älter. Denn Brigida, die "Maria der Kelten", gilt als Schutzpatronin Irlands. Vielleicht fand Bonifatius also bereits Christen vor, als er nach Nordhessen kam und befahl ihnen, sich erneut taufen zu lassen, da ihm deren Christentum doch recht verschieden zum römisch-katholischen Glauben vorkam.

Büraburg war damals übrigens ein schwer einnehmbarer Ort. Während der Sachsenkriege Karls des Großen wurde Fritzlar von den sächsischen Kriegern eingeäschert, nur die Stadtkirche, seit 732 als steinerne romanische Basilika angeführt und damit die aus dem Holz der Donareiche gebaute Kirche ablösend, brannte nicht mit ab, ganz wie es der Missionar prophezeit hatte. Die Büraburg hingegen, in die sich die Fritzlarer Bevölkerung geflüchtet hatte, wurde nicht erobert.

Das Bistum Büraburg hatte, ähnlich wie Erfurt, nur wenige Jahre Bestand. Im Jahre 746, nach dem Tod des ersten Bischofs Witta, wird es dem Bistum Mainz zugeschlagen.

Die Kirche auf dem Büraberg wurde mehrfach umgebaut, die Fundamente stammen aus dem 8. Jahrhundert, das Mauerwerk von Chor, Sakristei und Westteil wird in das 13. Jahrhundert datiert. Die Mauern des Schiffes wurden nach den Zerstörungen des Dreißigjährigen Krieges erneuert. Der idyllische Ausflugsort und Schauplatz einer großen Wallfahrtsprozession am Sonntag vor Christi Himmelfahrt ist ein bedeutender Platz hessischer Geschichte.

Information

Verkehrsbüro Fritzlar im Rathaus, Zwischen den Krämen 7

Touristische Tips

In **Fritzlar** lohnt sich eine Stadtführung „durch das Leben in einer mittelalterlichen Stadt" und ein Besuch des Petri Domes und des Regionalmuseums im Hochzeitshaus. Der „Graue Turm", höchster Wehrturm Deutschlands, kann nach Absprache mit dem Verkehrsbüro bestiegen werden. Sehenswert ist auch das älteste Rathaus Deutschlands.

In **Züschen**, einem Stadtteil von Fritzlar, kann ein Steinkammergrab besichtigt werden, ca. 7 km nordwestlich von Fritzlar (siehe Seite 11).

Bonifatius fällt die Donar-Eiche

Frühes Mittelalter

Ein Kompromißkandidat sichert das Reich - Fritzlar

Die Könige Konrad I. und Heinrich I.

In Fritzlar findet am 12. Mai 919 ein folgenschweres Spektakel statt: Heinrich I., der "Vogler", Herzog von Sachsen, wird zum deutschen König erhoben. Seitdem das Reich Karls des Großen unter seinen Nachfolgern ins Schleudern gekommen und mehrfach geteilt worden war, drohten die Machtkämpfe der Herzöge das ostfränkisch-deutsche Reich vollends zu zerreißen. Der deutsche König wurde von den Großen des Reiches gewählt, und jeder "Clan-Chef" strebte danach, seine eigene Familie ans Ruder zu bringen und eine Dynastie aufzubauen. Der fränkische Herzog Konrad agierte als deutscher König recht glücklos: Sein Versuch, die Macht der Herzöge zu brechen und sich statt dessen auf die Bischöfe zu stützen, scheiterte. Es gelang ihm weder die Stammeskämpfe zu beenden, noch die verheerenden Einfälle der Ungarn abzuwehren. Kurz vor seinem Tod traf er eine bedeutsame Entscheidung: Er bewog seinen Bruder Eberhard zum Verzicht auf die Thronfolge und empfahl seinen langjährigen Gegenspieler den Herzog der Sachsen, Heinrich, für diesen Posten. Damit war der entscheidende Schritt vom Ostfränkischen zum Deutschen Reich vollzogen. Die Situation wird kritisch, als die Bayern nicht mitziehen, diese sähen lieber ihren eigenen Herzog Arnulf als König. Um dem drohenden Patt zu entgehen beschließen Franken und Sachsen, notfalls im Alleingang, Heinrich zum deutschen König zu erheben. Daß Heinrich völlig ahnungslos auf der Vogeljagd war (daher sein Beiname: Der Vogler), als ihm die Königswürde angetragen wurde, gehört ebenso wie seine anfängliche demütige Weigerung, ins Reich der Sage. Der zur Königserhebung ausersehene Ort war symbolträchtig: Fritzlar liegt nahe der damals heftig umkämpften fränkisch-sächsischen Stammesgrenze.
Von der ehemaligen Königspfalz im Westen der Stadt, in der die Erhebung stattfand, ist heute nichts mehr zu sehen. Bis 1079 ist sie und damit Fritzlar ein bevorzugter Aufenthaltsort aller deutschen Herrscher.
Heute bietet Fritzlar ein eindrucksvolles historisches Stadtbild, trotz aller Zerstörungen z. B. im 30jährigen Krieg. Die fast vollständig erhaltene Stadtmauer (mit dem höchsten in Deutschland erhaltenen Wehrturm, dem "Grauen Turm"), das Hochzeitshaus und der St. Petri Dom sind nur einige der bauhistorischen Kostbarkeiten der Stadt. Gerade die kirchlichen Bauwerke prägen schon von Ferne das Stadtbild, und das hat seinen Grund: Im Jahre 1066 landete Bischof Siegfried von Mainz einen Coup. Es gelang ihm, den Ort, der bisher Reichsbesitz war, dem kranken Heinrich IV. samt Münzrechten abzuhandeln. Seither ziert das Mainzer Rad das Wappen der Stadt, die zum wichtigsten Stützpunkt des Bischofs in seinem Kampf mit den thüringisch-hessischen Landgrafen wurde. Die wirtschaftliche Blüte Fritzlars, das schnell über die alten Stadtgrenzen hinauswuchs, endete erst zu Beginn des 14. Jahrhunderts, als der hessische Landgraf mehrfach militärische Siege über den Bischof von Mainz errang.

Daten aus der Geschichte

843 Teilung des fränkischen Reiches. Das ostfränkische Reich fällt im Vertrag von Verdun an Ludwig den Deutschen

12.5.919 Heinrich I., Herzog von Sachsen, wird zum deutschen König erhoben, die Geburtsstunde des deutschen Reiches

936 - 973 Otto I., der Große

955 Sieg über die Ungarn auf dem Lechfeld

962 Krönung Ottos zum Kaiser, Beginn des "Heiligen römischen Reiches deutscher Nation"

1000 Roswitha von Gandersheim, Dichterin und Nonne, stirbt
Entdeckung Amerikas durch den Wikinger Leif Erikson

Heinrich I. — Fritzlar

Die Altstadt von Fritzlar

Im Dom zu Fritzlar

Sage

Der Jungfernberg

In oder bei Fritzlar wohnte zu einer Zeit die Tochter eines reichen Edelmanns, um deren Hand sich zwei Ritter bewarben. Als sich die junge Frau endlich entschied, forderte, von Haß und Eifersucht erfüllt, der verschmähte Freier seinen glücklicheren Nebenbuhler zum Kampf und tötete ihn. Da entsagte das Edelfräulein der Welt, ging in das St. Katharinenkloster zu Fritzlar und schenkte diesem neben anderen Gütern einen Berg bei Fritzlar, welcher seitdem der "Jungfernberg" heißt.

Fritzlar verlor seine Führungsposition in Nordhessen, die nun von Kassel eingenommen wurde. Doch zu Hessen gehörte die Stadt immer noch nicht. Erst im Zuge des Reichsdeputationshauptschlußes, der Säkularisierung von Kirchengut, wurde Fritzlar 1802 nach Hessen eingegliedert. Ein langer Weg von Heinrich dem Vogler zur nordhessischen Stadt.

Frühes Mittelalter

Einst bedeutender als Kassel - Pfalz und Kloster Kaufungen

Kaiserin Kunigunde beim Bau des Klosters Kaufungen

Die wuchtige Klosterkirche Oberkaufungens ging aus einer Pfalzanlage hervor. Die deutschen Könige und Kaiser des Mittelalters hatten keine eigentlichen Residenzstädte. Sie regierten ihr Land als "Reisekaiser" von sogenannten Pfalzen aus. Diese befestigten Königshöfe waren über das ganze Land verstreut. Die Herrscher zogen von Pfalz zu Pfalz, hielten Hof, siegelten Urkunden und sprachen Recht.

Kurz nach der Jahrtausendwende herrschte in Oberkaufungen rege Bautätigkeit. Kaiser Heinrich II. ließ die von den Hunnen zerstörte Pfalz wiederaufbauen. Sozusagen als Hochzeitsgabe - wohl aber auch als Entschädigung für das Bistum Bamberg - hatte er seiner Frau Kunigunde von Lützelburg den Königshof Kassel (Curtis Cassella) geschenkt und in Kaufungen neu gebaut. Schon wenige Jahre später gründete die fromme Kaiserin hier ein Benediktinerinnenkloster. Als sie sich 1017 von Frankfurt kommend in Kaufungen aufhielt, während ihr Mann Richtung Aachen zog, erkrankte sie schwer und legte das Gelübde ab, "zur Ehre Gottes" hier ein Kloster zu stiften. Schon im Juni des folgenden Jahres sollen in ihrer Gegenwart die ersten Nonnen eingezogen sein. Im Jahre 1025, ein Jahr nach dem Tod Heinrichs, wird die Klosterkirche geweiht, und Kunigunde tritt als einfache Nonne in das Kloster ein. Sie, die als Vertraute ihres Mannes mitregiert hatte und nach seinem Tod die Reichsinsignien bis zur Wahl Konrads II. in Händen hielt, zieht sich damit weitgehend aus der Politik zurück. Am 13. Juli 1025 weiht Erzbischof Aribo von Mainz das Kloster in ihrer Anwesenheit. Kunigunde nimmt in vollem kaiserlichen Ornat am Festgottesdienst teil, legt diesen danach ab und das schlichte schwarze Nonnengewand an. Fünfzehn Jahre, bis zu ihrem Tod, lebt sie als einfache Nonne. Ihr Leichnam wird 1034 nach Bamberg überführt und neben dem ihres Mannes beigesetzt. Beide wurden später heiliggesprochen.

Das Kloster Kaufungen, zu dem zeitweilig sogar der Königshof Kassel gehörte, war Ausgangspunkt der Urbarmachung des Kaufunger Waldes und der östlichen Gebiete des Kasseler Beckens. In der heutigen Stiftskirche sind die romanischen Bauteile der Gründungszeit nur noch teilweise erhalten. Als letzter Rest der ursprünglichen Pfalzanlage gilt die frühromanische St. Georgskapelle. Am nördlichen Seitenschiff läßt sich die romanische Bauphase noch gut erkennen. Deutlich hebt sich das ältere kleinteilige Mauerwerk von den später verwendeten größeren Steinen ab. Mitte des 13. Jahrhunderts wurde das Langhaus in gotischem Stil umgebaut. Die runden Fenster- und Bogenabschlüsse der Romanik weichen den Spitzbögen, einem typischen Baumerkmal der Gotik. Zur selben Zeit wird die Abtei in ein Kanonissenstift umgewandelt. Während der Reformation aufgelöst, wurde die Anlage wenige Jahre später zusammen mit dem Kloster Wetter als Stift der hessischen Ritterschaft übereignet. Mit der Aufhebung der Klöster stellte sich für den Adel nämlich ein Problem:

Daten aus der Geschichte

1002 - 1024 Heinrich II., "der Heilige", Kaiser

1017 Gründung des Stiftes Oberkaufungen durch Kaiserin Kunigunde
Bischof Bernward läßt die berühmten Bronzetüren und die Christussäule für den Dom von Hildesheim fertigen

1025 Weihe der Klosterkirche Kaufungen

1027/39 Die Grafen Werner halten die Grafschaft Hessen

1066 Wilhelm der Eroberer besiegt bei Hastings den sächsischen König Harald, England wird normannisch

1077 "Canossa-Gang" Heinrichs IV., Investiturstreit

1096 I. Kreuzzug

Vergleichbares aus der Region

Neben der Stiftskirche Oberkaufungen gibt auch Lippoldsberg (siehe S. 22 f.) ein anschauliches Bild der romanischen Kirchenarchitektur.

Klöster — Kaufungen

Stiftshof in Kaufungen

Wohin mit den unverheirateten, schlecht versorgten Töchtern? Früher wurden sie in Klöstern standesgemäß untergebracht, diese Funktion übernahm nun das Stift. In den Fenstern des Chores finden sich noch die Wappen der hessischen Ritterschaft. Der Großteil der Gebäude des Stiftshofes stammt nicht mehr aus dem Mittelalter, sondern aus der Zeit um 1600.

Information
Gemeindeverwaltung Kaufungen,

Touristische Tips
Die **Stiftskirche** in Oberkaufungen, überregional auch durch die Kaufunger Konzerte bekannt, kann nach Voranmeldung (Tel. 05605/4694) besichtigt werden.

Das **Regionalmuseum „Alte Schule"** informiert nicht nur über die „Kloster- und Stiftsgeschichte", sondern u.a. auch über Bergbau und „bäuerliches und bürgerliches Wohnen"

Ein einmaliges technisches Denkmal für Westeuropa ist der **„Roßgang"**, ein bergmännischer Pferdegöpel der ehemaligen Braunkohlenzeche Freudenthal.

Im Nachbarort Lohfelden dokumentiert das **„Hessische Kutschen- und Wagenmuseum"**, Friedrich-Ebert-Ring 14, die Entwicklungsgeschichte der europäischen Kutschen

Sage
Das gebannte Fuhrwerk
In Oberkaufungen geschah es einmal, daß ein Fuhrwerk mitten auf der Straße gebannt stehenblieb. Der Altknecht und sein Jungknecht mochten noch so fluchen und schreien, die Pferde wollten nicht weiter. Auch die Peitsche konnte da wenig ausrichten. Allmählich versammelte sich eine größer werdende Menge um das Fuhrwerk, und der allgemeine Lärm rief zuletzt auch den Bauer herbei.
Er wollte nicht glauben, was er sah. Jetzt wollte er es versuchen. Er ließ sich vom Altknecht die Peitsche geben und schlug damit auf die Pferde ein. Aber es nützte nichts. Die Pferde blieben wie festgewurzelt auf der Stelle stehen. "Da kannst du noch so schlagen," mischte sich auf einmal ein neuhinzugekommener Nachbar ein, "die sind festgebannt. Ich habe vorhin selbst die schielende Alte gesehen, die an deinem Fuhrwerk vorbeigehumpelt ist." - "Und was soll ich tun?" fragte der Bauer. - "Nimm die Barte und schlag damit dreimal vor die Deichsel!" Gesagt, getan. Der Bauer führte drei kräftige Schläge aus. Da war es, als ob in der Ferne eine alte Frau aufschrie. Und im selben Moment zogen die Pferde auch schon an.
Als der Bauer am Abend mit seinen Knechten aus dem Wald zurückkam, begegnete ihnen eine alte schielende Frau - sie hatte den ganzen Kopf verbunden.

Hochmittelalter

1151

Probst Gunther und Äbtissin Margaretha

Kirche und Adel, Bürger und Bauern: Das hohe Mittelalter

Die Gesellschaft des Hochmittelalters unterscheidet sich noch sehr von unserer heutigen. Sicherlich ein fernes Zeitalter, aber das Schlagwort vom "finsteren Mittelalter" bedarf doch der Korrektur. Die Menschen lebten damals unter dem allgegenwärtigen Einfluß der Kirche. Die großartigen Bauten der Romanik und Gotik zeugen noch heute davon. So gehören Klöster und Kirchen zu den wesentlichen Zeugen jener Zeit. Die andere wichtige "Säule" der mittelalterlichen Gesellschaft waren die Ritter. Ihre Stellung und Macht zeigen sich heutzutage in den mehr oder weniger stattlichen oder romantischen Burgruinen, dem Symbol des Mittelalters schlechthin. Doch farbenprächtige Turniere und höfischer Minnesang haben mit der damaligen Realität nur wenig zu tun. Die Mehrheit der Bevölkerung lebte als Bauern auf dem Lande oder in den aufstrebenden Städten. Der Aufschwung der Städte im Hochmittelalter legte den Grundstein für eine neue Lebensform, die des Bürgers. Mit Mauern gesicherte Siedlungen, von denen aus Bauern ihre Felder bestellten, in denen Handwerker lebten und sich Händler niederließen, boten in den damaligen unruhigen Zeiten ein hohes Maß an Schutz. Die mächtigeren Städte entwickelten bald eine eigene Gerichtsbarkeit und schlossen sich zu Bündnissen, etwa der Hanse, zusammen. Die kleineren "Ackerbürgerstädte" hingegen waren weitgehend der Herrschaft des jeweiligen Landesherrn unterworfen. Die allermeisten Menschen aber lebten in Dörfern, ihre Zuflucht im Falle der Gefahr waren Wehrkirche und Wehrfriedhof. Sie bildeten als Freie oder Hörige und Leibeigene die breite Basis der mittelalterlichen Gesellschaft. Da die Bauernhäuser aus Fachwerkkonstruktionen errichtet wurden und Dörfer während der häufigen Fehden oft niedergebrannt wurden, bilden die Dorfkirchen meist die einzigen Überbleibsel mittelalterlicher Dörfer.

Daten aus der Geschichte

Ab ca. 948: Reformbewegung von Cluny

Um 1088 Benediktinerkloster Hirsau Zentrum der Erneuerung in Deutschland

Ab 1100 Aufblühen der romanischen Kunst und Architektur

1122 Aussterben der Gisonen, Ludwig I., ab

1131 Landgraf von Thüringen, vereinigt Hessen mit der Landgrafschaft Thüringen (Ludowinger)

1151 Vollendung der Klosterkirche Lippoldsberg

1152 Der Staufer Friedrich I., Barbarossa, wird in Frankfurt zum König gewählt

1188 Im Auftrag Herzog Heinrichs des Löwen entsteht in Helmarshausen das wegen seiner Buchmalereien berühmte Evangeliar

Im 18. und 19. Jahrhundert weitgehender Umbau und teilweiser Abriß des Klosterhofes Lippoldsberg

Vergleichbares aus der Region

In die Reihe der romanischen Klosterkirchen gehört auch die frühere Benediktinerabtei Breitenau (Guxhagen, siehe auch S. 86 f.).

Ein Turm fehlt - die Klosterkirche Lippoldsberg

Einer der wichtigsten romanischen Klosterbauten Hessens erhebt sich im äußersten nordöstlichen Zipfel des Landes. Klöster gehörten zu den bedeutendsten kulturellen und wirtschaftlichen Zentren des Mittelalters. Seit Benedikt von Nursia im Jahre 529 das Kloster Monte Cassino gründete, breitete sich diese Lebensform der Mönche und Nonnen über das ganze christliche Europa aus.

Doch mit der Zeit ließ die Frömmigkeit sehr zu wünschen übrig. Verschiedene Reformen sollten den klösterlichen Geist wiederbeleben. Von Burgund ging die Reformbewegung von Cluny aus, die den Mönchen sehr strenge Regeln auferlegte. In Deutschland wurde das Benediktinerkloster Hirsau um 1088 zum Zentrum dieser Erneuerung.

Wer lebte nun in einem solchen Kloster? Zum einen natürlich Menschen, denen das recht "weltliche" Benehmen der "Amtskirche" nicht paßte und die in ihrer Frömmigkeit die Weltabgeschiedenheit eines Klosters suchten. Zum anderen dienten Klöster aber auch dazu, zu kurz gekommene Söhne und Töchter des Adels standesgemäß unterzubringen.

Klöster — Lippoldsberg

Mit der eisernen Regel "Bete und arbeite" ging es übrigens nicht lange gut. Auch die Reformklöster wurden immer reicher und mauserten sich bald zu regelrechten Wirtschaftsbetrieben, die oft von der Arbeit der zum Kloster gehörenden Dörfer lebten.

Die Zeit der Klöster ging in Hessen mit der Reformation zu Beginn des 16. Jahrhunderts zuende. Sie wurden aufgelöst und anderen Zwecken zugeführt. Viele hessische Heilanstalten befinden sich heute in ehemaligen Klostergebäuden.

Die Klosterkirche von Lippoldsberg hat die Jahrhunderte ohne große Schäden und Veränderungen überstanden. Ihre architektonische Bedeutung rührt daher, daß wir hier den ersten großen Gewölbebau Hessens vor uns haben.

Dort, wo einst die Straße von Münster nach Northeim die Weser mit einer Furt durchquerte, ließ Erzbischof Lupold von Mainz um 1050 eine Holzkapelle errichten. Etwa fünfzig Jahre später wurde ein Nonnenkloster gegründet, das die Regeln des Reformklosters Hirsau annahm. Im Jahre 1151 ist der Bau der Kirche St. Maria und Georg nach den Angaben der Klosterchronik der Priorin Margarethe bereits fertig. Die Vorbilder des unter der tatkräftigen Leitung des Propstes Gunther von Hamersleben entstandenen Bauwerkes waren wohl die Dome von Speyer und Mainz. Lippoldsberg selbst war wiederum Vorbild für die Kirchenbauten von Germerode, Hardehausen und Gehrden.

Die dreischiffige romanische Basilika beeindruckt außen und innen durch ihre strenge Schlichtheit. Über der niedrigen, an eine Krypta erinnernden Eingangshalle befindet sich die sogenannte "Nonnenempore". Normalerweise weisen die Klosterkirchen der Benediktiner eine strikte Trennung der Ordensmitglieder von den Laien auf. Hier in Lippoldsberg scheint man das Problem durch den Einbau dieser Empore gelöst zu haben, auf der die Nonnen dem Gottesdienst getrennt von den "normalen" Gemeindemitgliedern beiwohnen konnten.

Die Reformation brachte auch hier das Ende des Klosterlebens. Nach dem Tod der letzten Äbtissin 1569 wurde Lippoldsberg evangelische Pfarrkirche, die anderen Klostergebäude dienten als Domäne und wurden teilweise abgebrochen. Die Türme der Basilika wurden im Dreißigjährigen Krieg zerstört, nur einer von ihnen später wiederaufgebaut. Ein Turm fehlt heute noch.

Information

Verkehrsamt, Am Mühlbach 15, 37194 Wahlsburg

Touristische Tips

Direkt gegenüber der Klosterkirche befindet sich das **Museum im Schäferhaus,** ein besonders originelles Heimatmuseum

Ein 28 Stationen umfassender historischer **Dorfrundgang** gibt Einblick in das historische Dorfbild.

Der Stromerzeuger EAM betreibt in Wahlsburg ein **Livemuseum**.

Ein weiteres Kloster aus der gleichen Entstehungszeit wie Lippoldsberg ist **Kloster Bursfelde** bei Hann. Münden, etwa 13 km weseraufwärts, überregional bekannt wegen seiner Sommerkonzerte.

Eingangshalle der romanischen Klosterkirche Lippoldsberg

Hochmittelalter

1200

Huckepack in die Freiheit - die Weidelsburg

Daten aus der Geschichte

1231 Die heilige Elisabeth, Witwe des Landgrafen Ludwig IV. von Thüringen, stirbt in Marburg.
Beginn der Gotik in Hessen, Blütezeit höfischer Literatur

1235 Heiligsprechung der Elisabeth

1240 Friedrich II. stattet die Frankfurter Herbstmesse mit kaiserlichen Privilegien aus

1273, 1382 und vermutlich **1444** wiederholte Zerstörung der Weidelsburg

1443 und 1444 Belagerung der Weidelsburg, seitdem hessischer Besitz, beginnender Verfall der Burg

Vergleichbares aus der Region

Die Reste der Krukenburg von Helmarshausen sind ebenfalls Zeugen des Burgenbaues in staufischer Zeit.

Unsere heutige Vorstellung vom Mittelalter kreist vor allem um Ritter und Burgen. Westlich von Kassel erhebt sich bei Ippinghausen auf einem 504 m hohen Basaltkegel eine der eindrucksvollsten Burgruinen Nordhessens - die Weidelsburg. Diese typische "Ritterburg" ist eine von mindestens 250 Burgen in Hessen, im ganzen deutschsprachigen Raum sind es etwa 10.000. Heute meist nur noch als Ruinen erhalten, prägen sie in der Zeit der Gotik die Landschaft.

Wie kam es eigentlich dazu? Waren es zunächst nur Könige und Kaiser, die das Recht zur Befestigung innehatten, nutzten bald auch Angehörige des niederen Adels die Schwäche der Zentralgewalt, um sich eine Burg zu bauen, die als Festung und Residenz zugleich diente. Von den meist auf unzugänglichen Berggipfeln gelegenen Anlagen konnte man die Verkehrswege und die umliegende Landschaft kontrollieren und sich im Falle der Gefahr hinter hohe Mauern zurückziehen. Die Wehrfunktion einer Burg wird jedem deutlich, der - mehr oder weniger mühsam - den Weidelsberg erklimmt: von unten nach oben anzugreifen ist ziemlich anstrengend. Burggraben und Mauer bildeten die äußeren Verteidigungsanlagen. Von vorgeschobenen Türmen aus nahmen Armbrust- und Bogenschützen die Angreifer ins Visier, auch wenn sich diese schon direkt

Die Weidelsburg bei Ippinghausen

an der Mauer befanden. Gelang ihnen dennoch der Durchbruch, zog sich die Besatzung in das Burginnere zurück, in höchster Not in den Bergfried, einen besonders hohen und festen Turm, dessen Eingang im ersten Stock lag. Doch die Burg war nicht nur Festung, sie war auch die Wohnung einer adeligen Familie, aber keine Zufluchtsstätte für die Allgemeinheit, wie die älteren Fliehburgen.

Der Ursprung der im wesentlichen aus Basaltsteinen errichteten Weidelsburg liegt im Dunkeln. Anscheinend war sie im 12. Jahrhundert im Besitz eines Grafengeschlechts, das von hier aus die "Neue Burg" - Naumburg - anlegte und sich später Grafen von Naumburg nannte. Am 10. November 1265 bietet Wittekindt von Naumburg Landgraf Heinrich die Burg zum Kauf an. Das Geschäft ist eigentlich schon perfekt, aber plötzlich geht die Burg am 2. April 1266 an Erzbischof Werner von Mainz. Die Auseinandersetzungen dieser beiden Herrschaften, die die ganze hessische Geschichte im Mittelalter durchziehen, wirken sich auch hier aus. 1273 erobern hessische Truppen die Burg und zerstören sie. Erst hundert Jahre später wird sie vom hessischen Landgrafen und dem Grafen von Waldeck wiederaufgebaut. Aus der Zweizahl der Bauherren erklärt sich auch, daß wir hier nicht einen, sondern zwei Wohntürme finden. Im älteren westlichen Palas sind noch Treppenreste, eine Altarnische und die Kellergeschosse zu sehen. Im östlichen Bau, den man auch besteigen kann, erhielten sich noch ein Kamin und ein Wandschrank. Um 1400 steht die Burg wieder unter Mainzer Oberhoheit. Doch die beiden, die nun als Mainzer Amtleute hier leben, Friedrich von Hertingshausen und Reinhard von Dalwigk d. Ä. treiben es zu toll: Sie werden des Landfriedensbruches beschuldigt und von den vereinigten Truppen Hessens und Mainz' 1444 belagert. Der Sage nach wurde die Burgbesatzung durch ihre Frauen gerettet: Sie trugen angeblich, da ihnen freier Abzug "mit Handgepäck" gestattet worden war, ihre Männer huckepack in die Freiheit. Von nun an blieb die Burg in hessischem Besitz, verfiel aber zusehends. Mit der Erfindung des Schießpulvers ging die große Zeit der Burgen ihrem Ende entgegen. Gegen Kanonen konnten die hohen Mauern nicht mehr bestehen.

Information

Stadt Wolfhagen, Burgstr. 33-35, 34466 Wolfhagen, Tel. 05692/602-0

Touristische Tips

Bei Ippinghausen, ca. 6 km südlich von Wolfhagen liegt die **Weidelsburg**.

Sehenswert ist auch das **Regionalmuseum** im alten Renthof in Wolfhagen, das von prähistorischen Funden bis zu Exponaten der jüngeren Vergangeheit historische Kostbarkeiten für den Besucher bereithält, Tel.: 05692/1808.

Das **Wasserschloß Elmarshausen**, ca. 2 km nördlich von Wolfhagen, ist das südlichste Beispiel der Weserrenaissance, kann aber nur von außen besichtigt werden.

Das **Bergplateau in Burghasungen**, ca. 6 km östlich von Wolfhagen war Standort einer bedeutenden Benediktinerabtei. Heute ist davon nur noch eine Gedenkplakette zu sehen, Reste befinden sich aber im **Klostermuseum** und können nach Absprache mit dem Ortsvorsteher Karl Schäfer, Hasunger Str. 11a , Tel. 05606/7125 besichtigt werden.

Ca. 15 km nördlich, man fährt über Wolfhagen, liegt eine weitere imposante Burgruine, die **Kugelsburg**, am nordöstlichen Stadtrand vor Volkmarsen.

15 km südwestlich der Weidelsburg liegt **Schloß Waldeck** malerisch am **Edersee**.

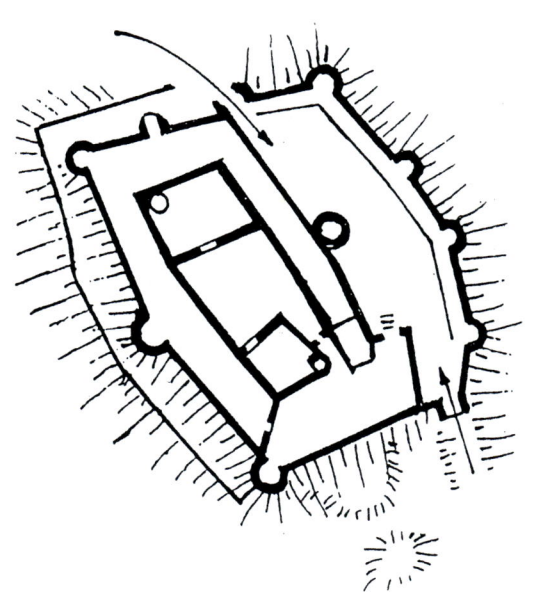

Abbildung links außen: Grundriß der Weidelsburg

Foto links: Krug aus dem 14. - 16. Jahrhundert aus der Weidelsburg

Hochmittelalter   1292

Hessen wird zum Reichsfürstentum – Symbol: Die Boyneburg

Sophie von Brabant mit ihrem Sohn Heinrich

Auf der Boyneburg, heute eine Ruine, schlug die Geburtsstunde des Landes Hessen. Am 12. Mai 1292 wird in Frankfurt eine Rechtshandlung von großer Tragweite bezeugt: König Adolf von Nassau verleiht Landgraf Heinrich von Hessen die Reichsfestung Boyneburg und die Stadt Eschwege als erbliches Lehen und erhebt Heinrich in den Reichsfürstenstand. Dieser Akt ist ein Musterbeispiel für auch damals übliche Wahlgeschenke. Es gab ja keine Erbmonarchie, sondern der König und Kaiser wurde von einem kleinen Kreis von Fürsten gewählt. Erst im 14. Jahrhundert wird die Zahl der Wahlberechtigten auf sieben Kurfürsten festgelegt. Und die Wähler wollten natürlich von ihrem Kandidaten belohnt werden. Eine der ersten Amtshandlungen des neuen Königs, unmittelbar nach der Wahl, noch vor der Krönung in Aachen, war die Erhebung Hessens in den Reichsfürstenstand, als "kleines Dankeschön" sozusagen. Für Heinrich, "das Kind von Hessen", wie er genannt wurde, ging damit ein wichtiger Wunsch in Erfüllung. Als 1247 der letzte Thüringer Landgraf Heinrich Raspe ohne männlichen Erben starb, handelte Sophie von Brabant, die Tochter der Heiligen Elisabeth, schnell. Sie meldete die Herrschaftsansprüche ihres gerade drei Jahre alten Sohnes Heinrich an. Es dauerte fast zwanzig Jahre, bis es Heinrich "dem Kind" gelang, diese Ansprüche auch durchzusetzen und Hessen als eigenständiges Territorium zu etablieren. Nur die Reichsfürstenwürde fehlte ihm noch, um seinen planvollen Ausbau der Herrschaft in der Landgrafschaft Hessen voranzutreiben. Um als Reichsfürst anerkannt zu werden, fehlte noch ein symbolischer Akt: Die Verleihung eines Reichslehens. Die Boyneburg war dieses Symbol. Diese Burg, etwa zehn Kilometer südlich von Eschwege, scheint von den Grafen von Northeim im frühen 12. Jahrhundert erbaut worden zu sein. In einer Urkunde aus dem Jahr 1156 wird sie als kaiserliche Burg erwähnt. Mehrmals weilte Friedrich I. "Barbarossa" in ihren Mauern. 1161 berief er sogar einen Hoftag auf der Boyneburg ein. In dieser Zeit wurden auch die Befestigungsanlagen erweitert. Die Burgmannschaft war von der Übertragung der Burg an Hessen wenig begeistert. Waren sie bisher als Reichsministeriale direkt dem Kaiser unterstellt, empfanden sie ihre neue Rolle als hessische Lehensleute wohl als drastische Herabwürdigung ihrer Position. Lange Zeit verweigerten sie die Huldigung an den hessischen Landgrafen und hielten weiter an ihrer Reichsunmittelbarkeit fest. Erst 1446 kam es zu einem Vergleich der Boyneburger mit Hessen. Daß sich Heinrich bis zu seinem Tode 1308 diese Aufmüpfigkeit gefallen ließ, verdeutlicht, daß ihm die ablehnende Haltung der Burgbesatzung herzlich egal war. Ihm kam es weniger auf die Burg an sich an, vielmehr auf deren symbolischen Wert als Grundlage seines Reichsfürstentitels.

Wie immer, wenn es um Ruinen geht, ranken sich auch um die Boyneburg zahlreiche Sagen und Geschichten. So sollen einstmals drei Schwestern

Daten aus der Geschichte

1247 Tod Heinrich Raspes, damit Aussterben der Ludolfinger (Landgrafen von Thüringen)

1247 - 64 Thüringisch-hessischer Erbfolgekrieg

1248 Sophie von Brabant, die Tochter der hl. Elisabeth, sichert ihrem Kind Heinrich, "Kind von Brabant" die Herrschaft in Hessen. Beginn der Geschichte Hessens als selbständiger politischer Einheit

1292 Landgraf Heinrich I. von Hessen wird von König Adolf von Nassau zum Reichsfürsten erhoben. Symbol: Belehnung mit der Boyneburg und der Stadt Eschwege. Marburg wird zur Residenz ausgebaut.

1637 Plünderung und Zerstörung der Boyneburg im Dreißigjährigen Krieg

Vergleichbares aus der Region

Eine imposante Burgruine zeigt sich dem Besucher auch weiter im Westen: Die Weidelsburg (siehe S. 24 f).

26

Reichsfürstentum Boyneburg

Die Boyneburg um 1635

auf der Boyneburg gelebt haben. Der jüngsten träumte, daß sie vom Blitz erschlagen werden solle. Als dann tatsächlich ein Gewitter kam, setzte sie sich nach draußen, blieb aber unversehrt. Auch am nächsten Tag geschah ihr nichts. Erst nachdem sie am dritten Tag - das Unwetter tobte immer noch - ihr Testament gemacht hatte, in dem sie auch die ganze Gemeinde bedachte, und nachdem ihr der Pfarrer das Abendmahl gereicht hatte, wurde sie vom Blitz getroffen.

Information

Gemeindeverwaltung Ringgau,
Tel. 05659/7148

Touristische Tips

Die **Ruine Boyneburg** ist ein beliebtes Wanderziel; von hier aus kann man auch auf den Spuren Barbarossas weiterwandern.

Einige Kilometer weiter südlich befindet sich ein besonderer kunsthistorischer Schatz. Der Altar in der **Lüderbacher Kirche** wird Tilmann Riemenschneider zugeschrieben und gilt als der älteste erhaltene deutsche Holzschnitzaltar. Er stammt aus dem frühen 16. Jahrhundert.

Östlich der Boyneburg in Netra steht ein **Wasserschloß** aus der Renaissance.

Der Nachbarort **Sontra** besitzt eines der schönsten Fachwerkhäuser Nordhessens.

In der Sontraer Mühle ist ein **Mühlenmuseum** untergebracht. Besichtigung nach Vereinbarung (Tel. 05653/5433).

Im Stadtteil Wichmannshausen ist im alten „boyneburger Schloß" ein **Dorfmuseum** eingerichtet.

Hochmittelalter

1322

"Stadtluft macht frei - nach Jahr und Tag" - Grebenstein

Der Grebensteiner Burgturm mit dem letzten noch erhaltenen Stadttor

Diese Redewendung hatte früher rechtliche Folgen. Wem es im Mittelalter gelang, seiner Herrschaft zu entfliehen und sich "Jahr und Tag", das heißt ein Jahr, sechs Wochen und drei Tage in einer Stadt unangefochten aufzuhalten, war frei.

Die nordhessischen Städte des Mittelalters waren oftmals gezielte Gründungen der Landesherren. Vorzugsweise an wichtigen Handelsstraßen oder strategisch bedeutsamen Punkten wurden planmäßig Siedlungen angelegt, wobei oft auch bereits bestehende Ortschaften oder Burgen in die Stadtplanung mit einbezogen wurden. In der mittelalterlichen Stadt entsteht die neue Lebensform des "Bürgers", neben der Landwirtschaft prägen nun Handel und Handwerk die Wirtschaft. Das Aufblühen der Städte ist eng mit der Verbreitung des Geldes und dem Niedergang des Adels verknüpft.

Doch nicht jeder, der in einer Stadt wohnte, war ein Bürger. Das "Bürgerrecht" erhielt nur, wer es ererbte oder sich als Neubürger einkaufen konnte. Wer zu arm war oder einen "unehrlichen" Beruf ausübte, etwa als Schauspieler oder Henker, gehörte nicht dazu. So gesellen sich zu den Bürgern die "Beiwohner", Einwohner minderen Rechts. Im Rat der Stadt hatten Patrizier, also alteingesessene wohlhabende Familien, und mächtige Zünfte das Sagen. Die Abhängigkeit der Stadt vom "Stadtherrn" hing von ihrer Macht und Bedeutung ab. Frankfurt war als freie Reichsstadt völlig unabhängig, die meisten der kleinen nordhessischen Städte hingegen hatten als "Ackerbürgerstädte" nur wenig politischen Spielraum.

Eine solche Ackerbürgerstadt war Grebenstein. Wie nur in wenigen Orten Nordhessens zeigt sich in Grebenstein noch die planmäßige mittelalterliche Anlage. An der Kreuzung zweier alter Handelswege bildete sich wohl schon um das Jahr 1000 ein Marktflecken, der später befestigt wurde. Noch heute sind fünf Türme und Teile der Stadtmauern erhalten. 1356 wurde neben der Altstadt die Neustadt angelegt, die ursprünglich "Freiheit" genannt wurde, da die Bürger, die hier bauten, für zwölf Jahre von allen Abgaben befreit wurden und Amnestie für frühere Vergehen erhielten. Neben der Sicherheit, die die Stadtmauern in jenen unruhigen Zeiten boten, ein guter Grund, sich hier anzusiedeln. Aus dieser Zeit sind noch - einmalig im Altkreis Hofgeismar - fünf steinerne gotische Fruchtspeicher erhalten, sowie zwei Fachwerkhäuser aus der Zeit um 1430, die zu den ältesten Fachwerkgebäuden der Gegend zählen. Damals erstarkten auch die Grebensteiner Zünfte, zu deren ältesten die des Schmiede- und Schlosserhandwerks und die Wollwebergilde zählen. Gegen den Widerstand der mächtigen alten Familien werden sie auf Veranlassung Landgraf Wilhelm I. in den Rat der Stadt mit einbezogen.

Grebenstein hat seinen Namen vermutlich von der im 13. Jahrhundert erbauten Burg Grafenstein des Ludolf von Dassel. Seit 1300 gehört Grebenstein zu Hessen und erhält Stadtrechte. Die mittlerweile verfallene Burg war sogar kurzzeitig, gegen Ende des 14. Jahrhunderts hessische

Daten aus der Geschichte

um 1000 vermutlich Marktflecken Grebenstein

um 1265 Bau der Burg Grebenstein durch Graf Ludolph von Dassel

1297 Grebenstein fällt an Hessen

1322 Bürgermeister und Rat der Stadt urkundlich erwähnt

1355 Vollendung der Stadtkirche St. Bartholomäus

1356 Anlage der Neustadt

1370 Vereinigung von Alt- und Neustadt

Im 14. und 15. Jahrhundert wird Grebenstein zur wichtigsten hessischen Festung gegen Mainz

1517 verheerender Stadtbrand

Vergleichbares aus der Region

Gut erhaltene mittelalterliche Bauwerke finden sich auch in Fritzlar (siehe S. 16 ff).

Grebenstein

Blick aus der Tür des Jungfernturmes

Residenz. Hier wurde Landgraf Hermann geboren. In der Diemelgegend war Grebenstein das stärkste hessische Bollwerk gegen den Erzbischof von Mainz, der mit Hofgeismar ebenfalls im Besitz einer wehrhaften Stadt war. Entsprechend hatten die Bürger beider Städte unter den Streitigkeiten ihrer Herren zu leiden. Die schlimmsten Zerstörungen richtete allerdings erst der Dreißigjährige Krieg an. 1637 wurde fast die gesamte Stadt zerstört.

Sage

Der Kreuzstein zu Grebenstein

In den Anlagen beim Kriegerdenkmal in Grebenstein stand ein alter Kreuzstein. Auf seiner Rückseite trug er ursprünglich einen Schmiedehammer, doch war von diesem schon lange nichts mehr zu sehen, weil Fuhrleute den Stein ein wenig abgeschabt hatten, denn sie glaubten, dadurch eine wundertätige Arznei zu gewinnen. Die Sage weiß von dem Stein folgendes zu berichten: Vor vielen hundert Jahren lebte in der Stadt Grebenstein ein Schmiedemeister namens Thun. Eines Tages trat ein Geselle in seinen Dienst. Bald zeigte sich, daß der Geselle dem Meister in der Schmiedekunst weit überlegen war. Nach einiger Zeit machte sich der Geselle selbständig und nahm seinem Lehrherrn die Kunden weg. Darüber ärgerte sich Thun und trachtete seinem früheren Gesellen nach dem Leben. Als er ihn eines Tages allein traf, erschlug er ihn mit einem Hammer. Für den fleißigen und gescheiten Gesellen errichteten die Bürger Grebensteins in der Nähe der Mordstätte einen Stein, in dem vorne ein Kreuz und hinten ein Hammer eingemeißelt wurde.

Information

Stadt Grebenstein, Markt 1, 34393 Grebenstein, Tel. 05674/70515

Touristische Tips

Sehenswert ist das **Ackerbürgermuseum** in einem Fachwerkhaus aus dem 15. Jahrhundert in der Schachtener Straße. Etwas versteckt außerhalb der Stadtmauern auf dem Burgberg liegt die Burgruine.

Weitere Beispiele für Ackerbürgerstädtchen, die einen Besuch lohnen sind z.B. **Hofgeismar**, ca. 6 km nördlich, oder Wolfhagen (siehe Seiten 12 f und 24 f) - über Calden und Zierenberg zu erreichen - ca. 30 km südwestlich.

Im Nachbarort **Immenhausen** lohnt ein Besuch des **Glasmuseums** und der Glashütte (siehe Seite 52 f).

Ca. 5 km südlich liegt **Schloß Wilhelmsthal** bei Calden (siehe Calden).

Hochmittelalter — 14. Jhd.

Eine Hansestadt in Waldeck - Korbach

Die Hanse war im späten Mittelalter einer der mächtigsten Städtebünde. Korbach gehörte zeitweilig dazu. Sinnbild der städtischen Freiheit war die Rolandsstatue, die sich heute an der Nordwestecke des Rathauses befindet. Um 1470 war sie am Alten Markt aufgestellt worden.

Das Aufblühen der Städte im hohen und späten Mittelalter war wegweisend für die Entwicklung zum modernen Staat. Es gab die unterschiedlichsten Formen: Kleine Landstädte, ohne großen politischen Spielraum und große, mächtige Städte, die es leicht mit so manchem Fürsten aufnehmen konnten. Schon im 12. Jahrhundert bildet sich die Hanse. Zunächst als Schutz und Handelsbündnis der Ostseestädte gedacht, breitet sie sich schnell in ganz Nordeuropa aus. Im Spätmittelalter gehören über 200 Städte zu diesem mächtigen Bund. Die große Zeit der Hanse geht dem Ende entgegen, als sich im 15. und 16. Jahrhundert der Fernhandel an die Atlantikküste verlagert und die skandinavischen Staaten so stark werden, daß sie sich von der Hanse keine Vorschriften mehr machen lassen - noch 1370 war im Frieden von Stralsund vereinbart worden, daß der dänische König nur mit Zustimmung der Hanse gewählt werden durfte. Korbach ist zwar nicht mit der "Königin der Hansestädte", Lübeck, zu vergleichen, dazu war die Stadt nicht mächtig genug; aber die Korbacher Bürgerschaft war immerhin so selbstbewußt, daß sie sich wiederholt mit den Grafen von Waldeck anlegte.

Schon Karl der Große gründete in der Nähe einen Reichshof und ließ eine dem Hl. Kilian geweihte Kapelle errichten. In einer Urkunde Kaiser Otto II., datiert vom 15. September 980, wird Korbach erstmals namentlich erwähnt. 1188 erhalten die Korbacher Bürger Stadtrecht, das Recht von Soest. Die Stadt lag ausgesprochen günstig am Schnittpunkt zweier wichtiger Fernhandelswege. Aus dem Rhein-Main-Gebiet kam die Weinstraße, die nach Bremen führte, von Köln aus führte die Heidenstraße über Korbach bis nach Leipzig. Korbach bot sich also als Stapel- und Umschlagplatz für den Fernhandel geradezu an. Die Entwicklung Korbachs zur Doppelstadt war typisch für solche aufstrebenden Wirtschaftsstandorte. Kaufleute und Burgmannen wuchsen zur führenden Schicht, dem Patriziat, zusammen. Bereits im 13. Jahrhundert wird ein Rathaus erbaut, Bürgermeister, Stadtrat und Stadtsiegel werden ebenfalls zu jener Zeit erwähnt. Im Norden, vor den Mauern der Altstadt, entsteht bald eine planmäßig angelegte Handwerkersiedlung, die mit einer weiteren Vorstadt zur Neustadt Korbach verschmilzt. Auch diese Stadt erhält eigene Mauern, ein Rathaus, Bürgermeister und Rat sowie eine dem Hl. Nikolaus, dem Patron der Kaufleute und Handwerker, geweihte Kapelle.

Not zwingt zur Einigkeit: 1366 hatte Graf Heinrich "der Eiserne" Bürger aus beiden Städten als Geiseln genommen. Den Korbachern erschien gemeinsames Handeln geboten, zehn Jahre danach war es soweit: Beide Städte wurden vereinigt, die Mauerringe miteinander verbunden und ein gemeinsamer zwölfköpfiger Rat gebildet. Auf der bisherigen Grenze zwischen Alt- und Neustadt wurde ein gemeinsames Rathaus errichtet, mit je einem Eingang auf der Altstädter Seite und einem auf der Neu-

Rolandsfigur am Rathaus von Korbach

Daten aus der Geschichte

Ende des 8. Jahrhunderts: Umbau eines sächsischen Edelhofes zu einem fränkischen Königshof durch Karl den Großen

15.9.980 Erste urkundliche Erwähnung Korbachs

1188 Stadtrechtsverleihung

Anfang des 13. Jahrhunderts Bau zweier Neustädte

1377 Vereinigung der Altstadt mit den beiden Neustädten, Bau eines gemeinsamen Rathauses

Um 1460/70 Rolandsstatue, Korbach ist Mitglied der Hanse

1654 Korbach ist Landeshauptstadt

1664 Großbrand

1715 Abbruch des alten Schlosses, Arolsen wird Residenz

Vergleichbares aus der Region

Ein recht gut erhaltenes mittelalterliches Stadtbild weist auch Witzenhausen auf, das seit 1265 Stadtrechte hat.

Das Rathaus von Korbach

Sage

"Christkindchenwiegen" und "Portemonächenwaschen" betreiben die Korbacher mindestens seit 1543, was eine Urkunde bezeugt: Am Heiligen Abend erklimmt eine Anzahl junger männlicher Einwohner den Turmgang der Kilianskirche und schwingt dort ihre Laternen. Auf jeder Turmseite wird ein Weihnachtslied in die nächtliche Stadt hinabgesungen. Traditionell beginnen die Sänger an der Ostseite mit dem Choral "Dies ist der Tag den Gott gemacht".

Ein weiterer Brauch ist das Auswaschen der Geldbeutel am Ende des "Freischießens", das alle drei Jahre stattfindet. Besagtes "Portemonächenwaschen" vollziehen die Korbacher traditionell an "Bracks Kump", einem alten Brunnenbecken der Stadt.
(aus: Bauer, Geheimnisvolles Hessen, S. 185, Marburg 1992.)

Information

Verkehrsamt im Rathaus, Tel. 05631/53231

Touristische Tips

Auf einem Rundgang durch die **malerische Korbacher Altstadt** sollte man sich auf jeden Fall das Rathaus von 1377 und die gotischen Hallenkirchen, Kilians- und Nikolaikirche, ansehen.

Das **Heimatmuseum** im gotischen Steinhaus am Kirchplatz dokumentiert die Stadtgeschichte, zeigt Kunstgegenstände und Ausgrabungsfunde und erinnert an den Goldbergbau bei Goldhausen.

Am **Eisenberg** in der Nähe des Stadtteils Goldhausen finden sich noch Spuren der Goldwäscherzeit - 1200-1620 - wie z.B. die Waschhalden und ein alter Bergwerkschacht.

städter. Hier tagte nun auch täglich das gräfliche Gericht, das bisher in den Gildehäusern beider Städte abgehalten worden war. An die recht brutale mittelalterliche Rechtsprechung erinnern in Korbach noch der Pranger und das sogenannte "Drillhäuschen" am Altstädter Markt.

Hochmittelalter

1330

Zur Wallfahrt in den Reinhardswald - Gottsbüren

Daten aus der Geschichte

826 - 856 Erste Erwähnung Gottsbürens. Ende des 13. Jahrhunderts Marco Polo reist nach China

1300 - 1450 "Wüstungsperiode", viele Dörfer werden verlassen

Um 1307 Der italienische Dichter Dante schreibt die "Göttliche Komödie"

Um 1330 Das "Wunder vom Reinhardswald", angeblich tauchte hier der blutende Leichnam Christi auf. Aufschwung Gottsbürens als Wallfahrtsort

1332 Baubeginn der Kirche

Ende des 15. Jahrhunderts verliert die Wallfahrt an Bedeutung

Vergleichbares aus der Region

Typische "Deelenhäuser" finden sich in vielen Ortschaften im nördlichen Landkreis Kassel; besonders Deisel ist für diese Art Bauernhäuser bekannt.

Sage

Graf Reinhard der Spieler

Es lebte einmal ein Graf Reinhard, dem alles Land, alle Dörfer und Städte zwischen der Diemel und dem Weserstrom gehörten. Er war dem Glücksspiel verfallen. Mit anderen vornehmen Herren spielte er oft Würfel, hatte aber fast nie Glück im Spiel. Eines abends spielten sie wieder, und Graf Reinhard hatte schon alles verloren. Da setzte er zuletzt seine ganze Grafschaft aufs Spiel. Aber auch diesmal verlor er.
Graf Reinhard war mit einem Wurf ein armer Mann geworden. Er gönnte jedoch seinem Gegner die Grafschaft nicht und ersann eine List, um sie ihm wieder zu entreißen. Er bat ihn, er möchte ihn noch eine Aussaat machen lassen. Die Bitte wurde zugestanden, und Graf Reinhard eilte, sein Vorhaben zu verwirklichen. Er brannte alle Dörfer nieder, trieb die Einwohner fort und ließ überall Waldsamen ausstreuen. Daraus ist der Reinhardswald aufgewachsen, und der glückliche Gewinner wartete noch heute auf die Ernte, wenn er nicht längst gestorben wäre.

Mitten im Reinhardswald liegt ein Ort, der unter normalen Umständen längst nicht mehr existierte: Gottsbüren.
Im Mittelalter lebten die meisten Menschen nicht in Burgen oder Städten, sondern in Dörfern. Allerdings waren diese Siedlungen recht klein, sie umfaßten meist nur etwa zehn Höfe. Die Dorfgemeinschaft unterstand einem oder auch mehreren Grundherren, denen sie Abgaben und Dienste schuldig waren. Viele Bauern waren sogenannte "Hörige", die an den Boden gebunden waren und unter der Herrschaft ihres Herrn standen. Im Hohen Mittelalter wächst nun der Bedarf an landwirtschaftlicher Nutzfläche, neue Dörfer werden angelegt, Wälder müssen gerodet werden. Noch heute weisen viele Ortsnamen mit der Endung -rode darauf hin. Ungefähr zwischen 1300 und 1450 kehrt sich diese Entwicklung um. Viele Dörfer werden "wüst". Dafür gab es mehrere Gründe: Wir befinden uns in der Zeit des Fehdewesens. Wenn zwei Ritter einander bekriegten, war es am einfachsten, die Dörfer des Gegners zu zerstören, um ihn wirkungsvoll zu treffen. Den betroffenen Bauern blieb nur die Flucht in nahegelegene befestigte Städte. Wem so etwas häufiger passierte, der verzichtete auf den Wiederaufbau seines zerstörten Hofes und bestellte das Land

Die ehemalige Wallfahrtskirche in Gottsbüren

Dorf — Gottsbüren

lieber von der sicheren Stadt aus. Auch die Pest spielte bei der Entvölkerung ganzer Landstriche eine Rolle.

Entscheidend war aber die Aufhebung der "Villikationsverfassung", immer mehr Bauern wurden persönlich frei. Wer auf schlechtem Boden saß, konnte versuchen, sich woanders auf einem besseren niederzulassen oder sein Glück in einer der wie Pilze aus dem Boden schießenden Städte machen.

In dem damals wesentlich dichter als heute besiedelten Reinhardswald überstand nur Gottsbüren diesen Prozeß des "Wüstwerdens". Zwischen 826 und 856 erstmals erwähnt, überlebte der Ort nur, weil er sich zu einer berühmten Wallfahrtsstätte entwickelte.

Um 1330 wurde hier angeblich der noch blutende Leichnam Christi gefunden. Dieses "Wunder im Reinhardswald" wird heute allerdings auf einen Hostienfrevel zurückgeführt. Die Wallfahrt frommer Pilger nach Gottsbüren entwickelte sich schnell zu einer regelrechten Massenbewegung - das ließ natürlich auch die Kasse klingeln. Vor allem Benediktinerinnen des Klosters Lippoldsberg waren hier präsent. Erst im späten 15. Jahrhundert verlor die Wallfahrt an Bedeutung. Damals wurde der Ort nach Hessen eingegliedert. Er gehörte zunächst zu Gieselwerder, später zum Amt Sababurg. Nach dem diese "touristische" Einnahmequelle versiegt war, gewann die Töpferei im Ort immer größere Bedeutung.

Wenn man heute durch Gottsbüren schlendert, fällt auf, daß die Häuser hier anders aussehen, als etwa im Gebiet südlich von Kassel. Durch den nördlichen Landkreis zieht sich die Sprachgrenze zwischen dem Niederdeutschen und dem Hochdeutschen (Beispiel: Appel/Apfel) und die "Hausgrenze". Die alten Gottsbürener Häuser sind "Deelenhäuser" nach niedersächsischer Art, die Wohnräume, Tenne und Stall unter einem Dach vereinigen. Während man hier also durch das "Deelentor" Zugang zu allen Teilen eines Gehöfts hat, beherrschen im südlichen Landkreis Bauernhäuser fränkischen Typs das Erscheinungsbild der Dörfer. Dort sind Wohnräume, Tenne und Stall in getrennten Gebäuden untergebracht.

Information

Stadt Trendelburg, Marktplatz 1, 34388 Trendelburg

Touristische Tips

Von Gottsbüren aus läßt sich ideal der Reinhardswald erschließen. Im Reinhardswald liegt das **Dornröschenschloß Sababurg**, nur ca. 4 km von Gottsbüren entfernt.

In westlicher Richtung von Gottsbüren erreicht man nach ungefähr 6 km die **Stadt Trendelburg**, die von der gleichnamigen Burg aus dem 15. Jahrhundert überragt wird.

Auf dem Weg dorthin liegt hinter Friedrichsfeld ein **Naturdenkmal** besonderer Art, der „Nasse Wolkenbruch". Die Entstehung dieses merkwürdigen Erdkraters ist noch nicht geklärt.

Blick auf ein Deelenhaus im Ortskern von Gottsbüren

Spätmittelalter
15. Jhd.

Im Spätmittelalter

Das späte Mittelalter ist durch tiefgreifende Veränderungen gekennzeichnet. Die scheinbar festgefügte mittelalterliche Ordnung beginnt sich aufzulösen. Der Aufschwung der Städte und die zunehmende Bedeutung der Geldwirtschaft machten den Rittern schwer zu schaffen, deren materielle Basis der Landbesitz war; es ist die Zeit der Raubritter. Die Burgen verlieren ihre militärische Bedeutung, gegen die neuen Feuerwaffen bieten sie keinen geeigneten Schutz mehr. Viele Burgen verfallen oder werden zu Schlössern umgebaut. Die Landesherren versuchen, aus dem "Gestrüpp" von Abhängigkeiten so etwas wie einen einheitlichen Untertanenverband zu gestalten und möglichst alle Hoheitsrechte an sich zu ziehen. Das geht nicht ohne Streit ab. So wurde Hessen 1458 nach dem Tode Landgraf Ludwigs geteilt. Heinrich III. bekam Oberhessen, Ludwig II. Niederhessen. Die Ständeversammlung, deren Rolle immer bedeutsamer wird, versucht in dem bald ausbrechenden Bruderkrieg zu vermitteln.

Einen Einblick in das Wirtschaftsleben jener Zeit mag die Betrachtung der Salzgewinnung in Bad Sooden-Allendorf geben. Einhergehend mit dem Ausstrahlen der Renaissance, die sich schon lange in Italien entwickelt hatte, verändert sich auch in Deutschland die Gesellschaft, das Mittelalter geht seinem Ende entgegen, die Neuzeit bereitet sich vor.

Daten aus der Geschichte

1334 Bau der Zapfenburg (alter Name der Sababurg) als Stützpunkt des Mainzer Erzbischofs gegen Hessen

Bis 1350 Große Pestepidemie in Europa

1354 Die Hälfte der Burg fällt an Hessen

1356 In der "Goldenen Bulle" werden die sieben Kurfürsten festgelegt: Mainz, Trier, Köln, Böhmen, Pfalz, Sachsen, Brandenburg

1429 Die gesamte Burg wird hessisch, beginnender Verfall der Gemäuer

1490 - 1549 Umbau der Burg zum Jagdschloß

Im 16. Jahrhundert erhält das Gebäude den heutigen Namen

1571 Anlage des Tiergartens

Vergleichbares aus der Region

Schloß Waldeck am Edersee zeigt ebenfalls anschaulich die Entwicklung von der Burg zum Schloß.

Sage

Die Riesenprinzessinnen

Vor sehr langer Zeit lebte im Reinhardswald ein mächtiger König, der hatte drei Riesinnen zu Töchtern: Saba, Trenda und Bramba. Der Vater baute jeder Tochter ein Schloß, für Saba die Sababurg, für Trenda die Trendelburg und für Bramba die Bramburg. Dort wohnten die Riesinnen und pflegten sich die Tage zu verkürzen, indem sie durch Sprachrohre von ihrem Schloß aus miteinander plauderten. Lange nachher zeigte man noch zu Sababurg das große Bett der Saba, ihre Betstube, den Brunnen und den Becher, woraus sie getrunken haben soll. Das Holz an der Bettspanne war fast ganz zerschnitten, man glaubte, wenn man bloß einen kranken Zahn mit dem Holz berührte, vergingen augenblicklich die Schmerzen.

Zwischen Helmarshausen und Wülmersen heißt der Wülmersen zunächst liegende Teil des Waldes die "Mordkammer". Hier soll Saba von ihrer Schwester Trendela ermordet worden sein.

Von der Burg zum Dornröschenschloß - die Sababurg

Im ausgehenden Mittelalter verloren die Burgen ihre Bedeutung als militärische Objekte. Deutlich wird dies am Beispiel Sababurg. Gegen die aufkommenden Feuerwaffen und neuen Strategien der Kriegsführung nutzten die Ritterburgen mit ihren hohen, dicken Mauern nicht mehr viel. Außerdem waren sie recht unbequem. Schlecht zu heizen, zugig und dunkel: Wer es sich leisten konnte, baute sein Gemäuer zum Schloß, oder wenigstens zum Schlößchen um. Die Verteidigungsfunktion, die die Burgen auszeichnete, war entfallen. Große Fenster ersetzten die Schießscharten, breite Auffahrten die engen Zugbrücken. Mitten im Reinhardswald ist so eine, von der Burg zum Schloß mutierte Anlage zu sehen: die Sababurg.

1334 wurde die Zapfenburg, wie sie ursprünglich hieß, als Schutz für den nahen Wallfahrtsort Gottsbüren vom Erzbischof von Mainz angelegt. Sofort protestierten der hessische Landgraf, der Herzog von Braunschweig und der Bischof von Paderborn gegen dieses Vorgehen, da die Grenzverhältnisse in dieser Gegend unklar seien. 1354 trat Mainz die Hälfte der Burg an Hessen ab, die andere Hälfte kaufte Landgraf Ludwig I. 1429 dazu. Die Zapfenburg war nunmehr hessisch. Politisch-militärisch war sie allerdings schon bedeutungslos geworden. Jahrelang verfiel das Gemäuer, bis Wilhelm II. 1490 beschloß, sie durch Jakob von Ettlingen zum Jagdschloß ausbauen zu lassen. Unter seinem Sohn Philipp dem Großmütigen wurde der Bau 1549 vollendet. Die Sababurg wurde zu einem der Lieblings-

Von der Burg zum Schloß — Sababurg

Der Tiergarten und die Sababurg

Information

Verkehrsamt der Stadt Hofgeismar,
Tel. 05671/88830

Touristische Tips

Etwa 12 km nordöstlich von Hofgeismar steht mitten im Reinhardswald das **„Dornröschenschloß" Sababurg**, ein Teil der Burganlage kann besichtigt werden.

Ein bedeutendes Natur- und Kulturdenkmal ist der historische Tierpark am Fuß der Sababurg. Informationen rund um den Wald gibt ein **Forst- und Jagdmuseum** im Tierpark.

In unmittelbarer Nähe des Tierparks liegt der **„Urwald"**, ein seit 1907 naturbelassenes Waldstück mit beeindruckenden 600- bis 1000-Jahre alten Eichen.

In den Stadtteilen **Carlsdorf, Kelze und Schöneberg** stehen typische Hugenottenkirchen. Carlsdorf ist die älteste Hugenottensiedlung Deutschlands.

Jagdschlösser der hessischen Landgrafen. Kein Wunder, denn schon damals war der Reinhardswald wegen seines enormen Wildreichtums berühmt. Doch nicht nur der heimische Wildbestand machte die Sababurg bekannt. Wilhelm IV. ließ 1571 einen "Thiergarten", einen der ältesten überhaupt, anlegen. Wisente, Auerochsen und Urwildpferde bevölkerten den Park. Der Versuch, hier auch Rentiere zu halten, scheiterte bald. Jahrelang war Meister Bastian, ein Kammerlakai, in Norwegen und Schweden umhergezogen, bis er endlich zwölf Rentiere und eine Wärterin, "ein wildes Lappen-Weib", auf der Weser nach Gieselwerder bringen konnte. Aber alle Versuche, die Tiere im Wildpark heimisch zu machen, schlugen fehl. Zwei verweigerten von Anfang an jede Nahrung und gingen ein. Die anderen schienen sich zwar recht wohl zu fühlen, starben aber im Lauf des nächsten Jahres. Über das weitere Schicksal der Wärterin aus Lappland, die furchtbar unter Heimweh litt, ist nichts bekannt.

In den Wirren des Dreißigjährigen Krieges wurde die Sababurg ziemlich verwüstet. Aus jener Zeit stammen die barocken Hauben der Türme. 1806 versuchten Bedienstete des vor den französischen Truppen flüchtenden Kurfürsten, in den Gemäuern das fürstliche Silberzeug zu verstecken. Anscheinend recht dilettantisch, denn das Versteck wurde sofort entdeckt. In der Zeit der Romantik wurde das mittlerweile verfallene Schloß wiederentdeckt. Im Torbau der Sababurg schrieben angeblich die Brüder Grimm, die die meisten ihrer Geschichten in Nordhessen und Südniedersachsen sammelten, das Märchen von Dornröschen, das nach hundert Jahren Schlaf durch den Kuß des Prinzen, der die Dornenhecke überwunden hatte, erlöst wurde. Doch es war wohl eher Otto Ubbelohde, der dazu beitrug, daß die Sababurg als Dornröschenschloß bezeichnet wurde. Er illustrierte die Märchen der Brüder Grimm und verwendete für das Märchen von Dornröschen die Sababurg als Vorbild.

Spätmittelalter 15. Jhd.

Ludwig II. und Heinrich III.

Eine Grenze mitten durch Hessen - der Turm bei Spieskappel

In der reichen Prämonstratenserabtei von Spieskappel notierte ein Mönch um 1450 auf einer Rechnungskladde die hessische "Nationalhymne": Laudabilis cum gente, cum gente, est terra Hassia. O Hassia fortissima, gens inclita fortissima! (Würdig des Lobes ist mit seinem Stamme, seinem Stamme, das Land Hessen. O tüchtigstes Hessen, weit berühmter, friedlichster Stamm!). Aber diese in mittelalterlichen Noten (Neumen) abgefaßte Hymne traf es nicht ganz: So friedlich waren die Hessen nicht! Vergleicht man das heutige Bundesland Hessen mit seiner Ausdehnung im Mittelalter, fällt vor allem die territoriale Zersplitterung auf: Staaten mit festen Grenzen und einheitlichem Hoheitsrecht gab es kaum. Länder und Städte wurden fast wie Privatsachen behandelt, die durch Heirat, Verkauf oder Erbschaft den Besitzer wechseln konnten. Nur mühsam kommen die Fürsten in ihrem Bestreben voran, ihr Territorium zu einem geschlossenen Herrschaftsgebiet zusammenzufassen und auch alle Hoheitsrechte an sich zu ziehen. Eine wichtige Rolle bei diesen "Geburtswehen" des modernen Staates spielten die Landstände: Die jeweils nach ihrem "Stand" zusammengeschlossenen Gruppen des Adels, der Geistlichkeit und der Städte (später auch der Bauern) vertraten in den unregelmäßig vom Landesherrn einberufenen "Landtagen" die Interessen des Landes gegenüber dem Fürsten. Vor allem, wenn der Landgraf mal wieder Geld brauchte, rief er die Landstände zusammen, um ihnen neue Abgaben (Steuern) abzuluchsen. Dieses Verhältnis von Ständen und Landesherrn verdrängt langsam das mittelalterliche Lehnswesen und bildet die Keimzelle eines "modernen" Staates.

Am Spieß, zwischen Homberg und Schwalmstadt gelegen, war solch eine Versammlungsstelle der hessischen Stände. Dieser 14 Meter hohe mittelalterliche Turm markierte einst die Grenze zwischen Nieder- und Oberhessen. Auch als Gerichtsplatz wurde er genutzt: Hier tagten die "Schöpfen" des "Gerichts am Spieß". Als markanten Treffpunkt gebrauchte bereits Kaiser Heinrich IV. diesen Ort. Im Jahre 1073 sammelte er hier ein großes Heer zum Krieg gegen Polen. Als 1450 die Grafschaft Ziegenhain nach dem Tod Graf Johanns II. an Hessen fiel, war endlich die ersehnte Landverbindung zwischen Ober- und Niederhessen hergestellt. Doch wer nun glaubte, daß sich eine einheitliche Landesherrschaft entwickeln könne, sah sich bald getäuscht: Nach dem Tode Landgraf Ludwigs, 1458, wurde die Grafschaft geteilt; Heinrich III. erhielt Oberhessen, Ludwig II. Niederhessen. Zwischen den beiden Landgrafen kam es bald zu Spannungen, die in offenen Bruderkrieg ausarteten. Am 4. Mai 1467 versucht die gesamthessische Ständevertretung auf einem Landtag am Spieß zwischen den verfeindeten Brüdern zu vermitteln. Ein zwanzigköpfiger Ausschuß, je zur Hälfte aus Vertretern der Ritterschaft und der Städte, soll über die Einhaltung des "Landtagsabschieds" wachen. Den erneut aufflackernden Krieg, in dessen Verlauf Borken zerstört wird, können sie dennoch nicht

Daten aus der Geschichte

1073 Heinrich IV. sammelt am "Spieß" ein Heer

Vor 1143 Gründung der Klosterkirche Spieskappel

Um 1430 Bau des Wartturmes

Ca. 1450 Entstehung des Hessenliedes im Kloster Spieskappel

1450 Grafschaft Ziegenhain fällt an Hessen

1458 Teilung der Grafschaft Hessen

1467 Ständeversammlung, Landtag, am "Spieß"

1471 (Vorläufige) Wiederherstellung der Landeseinheit.
Geburt Albrecht Dürers in Nürnberg

1473 Geburt des Kopernikus in Thorn

Vergleichbares aus der Region
Einige solcher Wartttürme haben sich bis in unsere Tage erhalten. Zum Beispiel an der Autobahn östlich Fritzlars.

Grenzwarte — Spieskappel

Wachturm bei Spieskappel

Sage

Wichtel zu Kappel

Zwischen Spieskappel und Gebersdorf ist ein Born: den nennt man den Kellerborn. Vor langer Zeit kamen die Wichtel aus diesem Loch und stahlen Frucht und Obst. Keinem gelang es je, einen von ihnen zu fangen, denn sie waren schnell und schlau. Wenn sie stahlen, stellten sie sich in einer langen Kette auf. Der vorderste raste immer geschwind mit dem Gestohlenen fort, der hinterste trug es ins Loch. Einmal wurde ihnen aufgelauert und plötzlich der Rückweg in ihr Schlupfloch verlegt; da wehrten sich die Wichtel mit ihren langen Nägeln und spuckten den Leuten ins Antlitz, bis sie doch den Weg zurückfanden ins Kellerloch.

Es heißt auch, daß sie zu den Schnittern aufs Feld kamen, wenn Frauen ihre Kinder abseits im Korn oder unter einem Busch an der Hecke liegen hatten, um durch Eintausch ihre winzige Art größer zu ziehen. Aus demselben Grunde sollte man Wöchnerinnen nicht alleine lassen, wenn sie schliefen. Sonst würde ihnen ein Wechselbalg für ihr Kind in die Wiege gelegt. Dieser lernte mit seinem dicken Kopf entweder nie ordentlich reden oder doch nur schwer und spät.

Sonst waren sie aber nicht Feind mit den Menschen, sondern gingen vertraut mit ihnen um.

Information

Verkehrsbüro Frielendorf, Tel. 05684/7827

Touristische Tips

In **Spieskappel** ist außer dem Wachturm die alte Klosterkirche von 1255 sehenswert.

Frielendorf war eine alte Töpfergemeinde. Eine **Töpferfamilie** aus dem Ortsteil Todenhausen, die seit 1652 ihr Handwerk betreibt - die Familie Dörrbecker - hat jetzt ihre Werkstatt in Treysa, Töpferweg 18, und ist auf Besucher eingestellt (Tel. 06691/2839).

verhindern. Erst als Ludwig 1471 stirbt und Heinrich die Vormundschaft über dessen unmündigen Sohn übernimmt, ist die Landeseinheit vorläufig wiederhergestellt. Der heute einsam daliegende Wachturm war damals ein hochpolitischer Ort. Im Mittelalter sagte man sogar "diesseits und jenseits des Spieß", wenn man Nieder- und Oberhessen meinte.

Spätmittelalter
14. - 16. Jhd.

Salzsieder an der Werra - Bad Sooden-Allendorf

Daten aus der Geschichte

Um 58 Kämpfe um Salzvorkommen im Werraland zwischen Chatten und Hermunduren

776/779 Erste Erwähnung als "Westera" in einer Schenkungsurkunde Karls d.Gr. an das Kloster Fulda

1218 Erste urkundliche Erwähnung Allendorfs

Ab 1212 Entstehung Soodens

1538 Errichtung einer zweiten Saline

1576 Salzsiedebetrieb mit Braunkohlefeuerung

1881 Eröffnung des Kurbades

1929 Zusammenschluß von Allendorf und Bad Sooden

Vergleichbares aus der Region

Salz wird auch eine wichtige Einnahmequelle für Bad Karlshafen (siehe S. 48 f).

Soodens Ortskern mit Söder Tor, Pfennigstube und Salztisch

Zeitweise war es kostbarer als Gold: Salz, im Mittelalter der wichtigste Stoff zum Konservieren von Lebensmitteln. Dieser Rohstoff war schon seit Urzeiten eine der bedeutendsten Handelswaren. Vor dem Zeitalter des Kühlschranks wurden etwa Fleisch und Fisch durch Einpökeln haltbar gemacht. Wer im Besitz von Salzbergwerken oder Solequellen war, hatte einen Schatz, um den ihn seine Nachbarn beneideten. Schon Tacitus berichtet von erbitterten Kämpfen zwischen Hermunduren und Chatten im Jahre 58 nach Christus um die Salzvorkommen im Werraland; die Chatten zogen übrigens den kürzeren.

Im Mittelalter, als es ja noch keine freie Berufswahl gab, sondern der Zugang zu den Handwerken durch die Zünfte streng überwacht wurde, konnte man nicht so einfach Salzsieder werden. In Sooden konnte man nur durch Erbschaft in den Besitz einer Salzpfanne kommen, in denen aus der durch Pumpen geförderten Sole Salz gesotten wurde. Diese sogenannten "Pfänner" gehörten zu den wohlhabendsten Bürgern der Stadt. Sie wählten den "Salzgreben", der das Salzwerk leitete; Siedemeister und Salzknechte besorgten die Arbeit an den Pfannen.

Sooden, heute Teil der Kurstadt Bad Sooden-Allendorf, verdankt seine Bedeutung ausschließlich der Salzgewinnung. Schon Karl der Große, der den Ort, der damals "Westera" genannt wurde, zwischen 744 und 779 dem

Salz Bad Sooden-Allendorf

Das letzte Gradierwerk von Sooden

Information
Gästedienst Bad Sooden-Allendorf, Tel. 05652/50166

Touristische Tips
Bad Sooden-Allendorf lag dicht an der Grenze zur DDR, den Grenzverlauf kann man noch vielerorts gut erkennen. Ein kleines **Grenzmuseum** - Richtung Sickenberg - erinnert an Todestreifen, Wachtürme, Minen, NVA etc., Tel. 05652/3216.

Die Werra macht etwa 4 km flußabwärts von Bad Sooden-Allendorf eine beeindruckende Schleife bei Lindewerra und Oberrieden, direkt gegenüber erhebt sich ein gewaltiges Sandsteinmassiv, die **Teufelskanzel**. Von oben hat man eine einzigartige Aussicht über das Werratal (Zufahrt über Werleshausen, Bornhagen, Rothenbach).

Ganz in der Nähe, in Rimbach, liegt die **Burgruine Hanstein**, und einige Kilometer südwestlich die Burg Ludwigstein bei Werleshausen (siehe Seite 78 f).

Kloster Fulda schenkt, erwähnt die Salzwerkstätten und Solevorkommen. Im 13. Jahrhundert kommt der Ort dann zur Landgrafschaft Hessen. Sehr schnell gerieten die Besitzer der Salzpfannen mit dem Landgrafen in Streit. 1332 ließ Heinrich II. die Pfannen zerbrechen, die von den "Pfännern" eigenmächtig vergrößert worden waren, um am Salzzoll zu sparen. Seitdem sind die vorgeschriebenen Größen der Salzpfannen an der Allendorfer Kirche angebracht. Auch ihre Anzahl war normiert: 42 Siedehäuser durften es sein. Im 16. Jahrhundert nahm die Salzgewinnung einen gewaltigen Aufschwung. 1538 ließ Landgraf Philipp eine zweite Saline errichten. Der verdoppelte Salinenbetrieb brachte aber auch Probleme mit sich: Zur Feuerung benötigte man so enorme Mengen Holzkohle, daß der Bestand der umliegenden Wälder gefährdet war. Da hatte der Pfarrer Johannes Rhenanus, der gleichzeitig Salzgrebe war, eine Idee: Er schlug 1563 vor, die althergebrachte Holzkohlenfeuerung durch die auf dem Meißner gefundene Braunkohle zu ersetzen. Im Dezember 1576 nimmt das erste Siedehaus mit Braunkohlenfeuerung seinen Betrieb auf.

Die wirtschaftliche Bedeutung des Salzes aus Sooden ließ in den folgenden Jahrhunderten nach. Besonders der Anschluß Hessens an Preußen, 1866, wirkte sich verhängnisvoll aus, da die Monopolrechte zugunsten ergiebigerer Solequellen aufgehoben wurden. Bis zu Beginn unseres Jahrhunderts wurden hier jährlich 45.000 Zentner Salz gewonnen. 1906 war hier zum letzten mal eine Salzpfanne in Betrieb. Daß der Ort nicht völlig verarmte, ist einer "Umnutzung" zu verdanken; man erkannte die gesundheitsfördernden Eigenschaften der Sole. Am 8. Juni 1881 wurde das Kurbad eröffnet, dessen Erträge die der Saline bald weit überflügelten. Bis heute rieselt das salzhaltige Wasser zu Heilzwecken über das Reisig des Gradierwerkes. Wer sich für die Geschichte und Bedeutung der Salzgewinnung in unserer Gegend interessiert, der findet viel eindrucksvolles Material im Salzmuseum des Ortes, das sich im Söder-Tor befindet.

Sage

Die Bethlehemsdörfer ziehen in die Stadt Allendorf

Im Tal zum Hain bei Allendorf lagen einst zwei Dörfer, Ober- und Unterbethlehemdorf. Die soll Bonifatius gegründet haben. Die Leute dort hatten viel auszustehen von den Rittern auf dem Rothenstein, die das Volk deshalb bloß die "von der bösen Rotte" nannte. Endlich aber riß den Bauern die Geduld. In einer Nacht, als die Raubritter von einem reichen Beutezug zurückgekehrt waren und beim Zechgelage saßen, erstiegen die Bauern die schlecht bewachte Burg, schlugen alles tot, was nur Lebendiges darin war und brannten das Raubnest aus. Nur einer von den Rothensteinern entkam, der hetzte nun die benachbarte Ritterschaft gegen die Bauern auf. Da wußten sich diese nicht mehr zu helfen und baten die Allendörfer, sie in ihre Stadt aufzunehmen. Das wurde ihnen auch gewährt, die flüchtigen Bauern mußten sich in der Unterstadt niederlassen, wo später die heilige Kreuzkirche für sie erbaut wurde und mußten dort eine neue Stadtmauer aufrichten. Es baute nun jeder Haushalt für sich ein Mauerstück, der eine aus rotem, der andere aus weißem Sandstein, wie solches bis auf unsere Tage namentlich vor dem Brüdertor nach der Kirche hin geblieben ist. Die beiden Dörfer hatten die Bauern, ehe sie wegzogen, selbst niedergebrannt, die Kirchen aber blieben stehen, weil sie Wallfahrtsorte waren. Die Felder der Bauern bedeckten sich zuerst mit Unkraut und Gestrüpp und wurden zuletzt zu Wald.

Frühe Neuzeit

1526

Landgraf Philipp der Großmütige

Daten aus der Geschichte

1517 Luthers 95 Thesen

1518 Landgraf Philipp übernimmt als 13jähriger die Regierung

1521 Luther in Reichsacht, beginnt als "Junker Jörg" auf der Wartburg die Bibelübersetzung

1525 Deutscher Bauernkrieg

20.10.1526 Homberger Synode

1529 Marburger Religionsgespräch zwischen Luther und Zwingli über das Abendmahl endet erfolglos
Zweiter Reichstag von Speyer erneuert das Wormser Edikt gegen die Reformation, Protest der evangelischen Stände ("Protestanten")

Sage

Der Riese von Homberg
Auf dem Homberger Schlosse wohnte ein Riese, den verdroß es, als er sah, daß sie zu Fritzlar eine Kirche bauen wollten. Er brach einen Felsblock los und schleuderte ihn von Homberg hinunter gegen Fritzlar; aber der Stein glitt ihm aus den Händen und fiel auf das Feld zwischen Uttershausen und Zennern, wo er noch liegt. Fast mannshoch ragt er aus der Erde und ebenso tief ist er hineingesunken. Die Leute glauben, es träfe dem schweres Unglück, der es wagen würde, ihn auszugraben. An dem Stein sind noch des Riesen Hände zu sehen, die sich wie in lockeren Teig darin abdrückten.

Auf zu neuen Ufern - Nordhessen in der frühen Neuzeit

Wir befinden uns um 1500 an der entscheidenden Wende vom Mittelalter zur Neuzeit. Was in der Rückschau wie ein einschneidender Bruch erscheint, war in Wirklichkeit ein langer Prozeß von Veränderungen, die sich an der Wende vom 15. zum 16. Jahrhundert häufen. Überall in Europa machen sich in allen Bereichen Erneuerungstendenzen bemerkbar. Die Menschen werden sich ihrer Persönlichkeit bewußt, verstehen sich nicht mehr nur als hilflose, dem Schicksal oder Gottes Willen ausgelieferte Kreaturen, sie beginnen die engen Grenzen, die die Kirche ihrem Denken gezogen hatte zu sprengen. Die Reformation erfaßte fast ganz Deutschland. Vor allem in Hessen und Sachsen wird sie schnell und gründlich durchgesetzt. In der Folge wurden die Klöster aufgelöst, teilweise, wie etwa Haina und Merxhausen, in Hospitäler umgewandelt oder sie stiegen wie Marburg zur Universität auf. Auch das politische Gefüge ändert sich. Die Landesherren haben mehr und mehr Erfolg in ihrem Bemühen, aus dem Flickenteppich der politischen Landkarte so etwas wie einen relativ einheitlichen Territorialstaat zu schaffen. Dazu gehört auch eine geordnete Verwaltung, die in Hessen in der zweiten Hälfte des 16. Jahrhunderts entsteht.

Die Entdeckung der "Neuen Welt" durch Columbus sorgte - sehr zum Leidwesen der Indianer, die fast ausgerottet wurden - überall für Aufregung, das Zeitalter der Entdeckungen veränderte in kurzer Zeit das überlieferte Bild der Weltkarte, der Handel mit fernen Ländern nahm einen enormen Aufschwung. Auch im Binnenland wuchs die Nachfrage nach Handelswaren, neue oder bessere Verkehrswege mußten her. Angesichts der schlechten Straßenverhältnisse kam besonders den Wasserwegen eine große Bedeutung zu.

Hessen wird protestantisch - die Synode von Homberg 1526

"Hier stehe ich, ich kann nicht anders" - diese Worte Martin Luthers sollten für Hessen Folgen haben. In Homberg wird die Einführung der Reformation beschlossen. Um 1500 befinden wir uns an der entscheidenden Wende vom Mittelalter zur Neuzeit. Überall in Europa machen sich Erneuerungstendenzen bemerkbar. Entdeckungen und Erfindungen bringen das mittelalterliche Weltbild ins Wanken. Die sozialen Spannungen entladen sich in Deutschland im Bauernkrieg von 1525, dem ersten Versuch einer Revolution, die unter fürchterlichen Opfern, mindestens 70.000 Bauern werden getötet, niedergeschlagen wird. Der Renaissance-Humanismus bereitet den Boden für eine grundlegende Auseinandersetzung mit der katholischen Kirche. Die Reformation erfaßt sehr schnell große Teile Deutschlands, so auch Hessen.

Der hessische Landgraf Philipp der Großmütige, der 1518 als 13jähriger an die Regierung gekommen war, wird zum Motor der Reformation in Deutschland. Als überzeugter Anhänger der Lehre Martin Luthers führt

Reformation — Homberg

er die neue Lehre in Hessen ein, löst die Klöster auf, die zum großen Teil in Hospitäler umgewandelt werden und gründet die Universität Marburg. Philipp, einer der wichtigsten Führer der Opposition gegen Kaiser und Papst, stolpert über einen "privaten" Skandal: Seit 1523 mit Christina von Sachsen verheiratet, schloß er 1540 eine Zweitehe mit Margarete von der Saale. Auf Bigamie stand aber die Todesstrafe. Als Oppositionsführer ist er damit ausgeschaltet, wenig später wird er im Schmalkaldischen Krieg auch militärisch geschlagen und geht für Jahre in Gefangenschaft, aus der er als gebrochener Mann zurückkehrt. Als er 1567 stirbt, verfügt er in seinem Testament die Aufteilung des Landes unter seine Kinder.

Vermutlich stieg Landgraf Philipp, als er die Sondertagung der Landstände, die "Homberger Synode", in der Marienkirche für den 20. Oktober 1526 einberief, im Gasthaus "Zur Krone" ab, einem imposanten Fachwerkbau von 1480, der sogar die Zerstörungen des Dreißigjährigen Krieges überstand. Einige weitere mittelalterliche Häuser und Teile der Stadtmauer blieben ebenfalls erhalten.

Am 21. Oktober, morgens um 7.00 Uhr begann die erste Sitzung, zu der landgräfliche Räte, Äbte, die Ritterschaft und Abgeordnete der hessischen Städte geladen waren, um darüber zu beraten, ob die neue Lehre eingeführt werden solle oder nicht. Der junge Theologe Franz von Avignon trägt die Kernpunkte der Reformation vor - allerdings auf lateinisch - der Magister Adam Krafft übersetzt: Schaffung eines evangelischen Pfarrerstandes, Abschaffung von Heiligenverehrung, Fasten und Wallfahrten. Ferner sollen die Klöster aufgehoben und für Zwecke der Wohlfahrt und Bildung verwendet werden. Die Gegenrede des Nikolaus Ferber aus Herborn, ein Franziskaner aus Marburg, am nächsten Tag dauert zwei Stunden. Er bestreitet dem Landgrafen das Recht, in kirchlichen Angelegenheiten Synoden einzuberufen, bezichtigt ihn, die Aufhebung der Klöster nur aus Geldgier zu betreiben und verurteilt die ganze Versammlung als Ketzerei. Es nützt ihm aber nichts, die Einführung der Reformation wird beschlossen und Schritt für Schritt auch durchgeführt. In der evangelischen Pfarrkirche, in der dies alles stattfand, zeigen die Glasscheiben des Ostabschlusses dieses Ereignis.

Als 1529 der Reichstag in Speyer die Ablehnung der Lehre Martin Luthers bestätigt, protestieren die evangelischen Stände unter der Führung Sachsens und Hessens gegen diese Entscheidung der Reichstagsmehrheit. Daher die Bezeichnung "Protestanten".

Die Marienkirche in Homberg

Information

Verkehrsamt Homberg/Efze Obertorstr 4, Tel. 05681/77250

Touristische Tips

Außer der oben erwähnten Stadtkirche und dem Gasthaus zur Krone bietet Homberg eine **schöne Altstadt** mit einer Fülle von restaurierten Fachwerkhäusern. Sehenswert ist auch das Heimatmuseum im Hochzeitshaus und die Schloßruine hoch über der Stadt. Vom Bergfried hat man einen einmaligen Rundblick.

In der Nähe des Stadtteils Allmuthshausen befindet sich auf einem 50 ha großen Gelände der **Wildpark Knüll**, Tel. 05681/2815

Blick von der Burg auf Homberg

Frühe Neuzeit — 15./16. Jhd.

Die "Linke Gemahlin" auf der Festung - Schloß Spangenberg

Margarethe von der Saale, die zweite Frau des Landgrafen Philipp

Daten aus der Geschichte

Nach 1214 Erbauung der Burg Spangenberg durch die Herren von Treffurt

1309 Stadtrecht

1350 Spangenberg an Landgraf Heinrich von Hessen verkauft.
Umbau der Burg zur Festung und Residenzschloß

1540 Landgraf Philipp heiratet in einer Nebenehe Margarethe von der Saale, wird wegen Bigamie vom Kaiser unter Druck gesetzt

1566 Margarete von der Saale, die in Spangenberg lebte, stirbt

1568 Teilung der Landgrafschaft Hessen zunächst in vier, später in zwei Teile (Hessen-Kassel und Hessen-Darmstadt)

Ab 1600 Sinkende Bedeutung der Festung Spangenberg, später als Garnison, Gefängnis, Kriegsgefangenenlager und Forstschule genutzt

1945 Zerstörung durch Brandbomben, Wiederaufbau in den 50er Jahren

Die Geschichte des früheren hessischen Residenz- und Jagdschlosses Spangenberg zeigt uns auf anschauliche Weise die Entwicklung Hessens zum Territorialstaat. Im 15. und 16. Jahrhundert versuchen überall in Deutschland die Fürsten mühsam, aber letztlich erfolgreich, ihr Herrschaftsgebiet sowohl nach außen hin abzurunden, als auch im Inneren möglichst alle hoheitlichen Rechte an sich zu ziehen und einen einheitlichen Untertanenverband zu bilden. Diese, sich über Jahrhunderte hinziehende Herausbildung der Landesherrschaft ist letztlich eine Vorstufe des modernen Staatswesens. Eine wichtige Voraussetzung war die Bändigung der recht selbständigen Adeligen, die von Burgen aus ihr Gebiet kontrollierten und die sich dem Landesherrn nicht so einfach unterordneten. So ging das Bestreben der hessischen Landgrafen dahin, möglichst viele Burgen in ihre Hand zu bekommen und adelige Lehensgebiete in Ämter umzuwandeln.

Seit es Feuerwaffen gab, sank die Bedeutung der schwergepanzert kämpfenden Ritter sowieso, und auch die mittelalterliche Burg war den "modernen" Kanonen nicht mehr gewachsen. Sie verfielen oder wurden zu Schlössern und Festungen umgebaut. Da die senkrechten Burgmauern durch Belagerungskanonen leicht zerstört werden konnten, ging man nun dazu über, schräg abgeböschte Festungswälle zu errichten, denen auftreffende Kugeln wenig anhaben konnten. Die früheren Wohngebäude einer Burg, die sich nicht mehr für Verteidigungszwecke eigneten, wurden - sofern es der Geldbeutel zuließ - zu Schlössern mit großen Fenstern und etwas mehr Komfort. Sie hatten keinerlei Verteidigungsfunktion mehr.

Das nach den Zerstörungen des II. Weltkrieges wiederaufgebaute Schloß Spangenberg, das heute Jagdmuseum und ein Hotel-Restaurant beherbergt, macht diese Entwicklung nachvollziehbar: im Kern noch mittelalterliche Burg, umgeben von Spitz- und Dreiecksbastionen und einem mächtigen Batterieturm. Die Herren von Treffurt, die im 13. Jahrhundert Burg und Stadt Spangenberg anlegen ließen, verkauften beide 1350 für 8000 Mark Silber an Landgraf Heinrich von Hessen. In der Folgezeit wurde die Burg zur uneinnehmbaren Festung ausgebaut; lediglich im 7jährigen Krieg wurde sie, nur von 42 Invaliden verteidigt, von französischen Truppen im Handstreich genommen. Die Verwendung als Jagdschloß brachte dem Sohn Heinrichs, Otto, genannt "Otto der Schütz", wenig Glück. Er, der einmal im Handstand auf seinem Pferd in die Burg einritt, kam bei einem Jagdunfall ums Leben - böse Zungen behaupten allerdings, er sei vom Abt von Fulda vergiftet worden.

Die wohl bekannteste Bewohnerin von Schloß Spangenberg war Margarethe von der Saale, die "Linke Gemahlin" Landgraf Philipps, der bereits mit Christine von Sachsen verheiratet war. Dieser Akt der Bigamie brach nicht nur dem Landgrafen politisch das Genick, sondern führte auch

Territorialstaat — Spangenberg

Schloß Spangenberg und die Altstadt

Sage

Der Liebenbach

Ein junger Bursche und eine Bürgertochter in der Stadt Spangenberg liebten sich aus tiefstem Herzen. Aber die Eltern des Mädchens wollten lange Zeit nicht zu ihrer Verheiratung einwilligen. Denn sie waren reich, und da konnte die Liebe der beiden noch so stark sein, Geld will zu Geld. Die beiden Liebenden gaben aber nicht auf, und endlich gaben die Eltern des Mädchens unter der Bedingung nach, daß der Hochzeitstag erst dann gefeiert werden sollte, wenn beide Liebende den guten und frischen Born vom Berg drüben ganz alleine herbeigeleitet hätten. Dadurch würde die Stadt gutes Trinkwasser erhalten, an dem es bisher mangelte. Die beiden jungen Leute fingen an, das Bachbett zu graben, und sie arbeiteten ohne Unterlaß. Vierzig Jahre ging es so. Dann, als sie ihr großes Werk vollendet hatten, starben beide im gleichen Augenblick, einer in des anderen Armen. Es soll zu dem Zeitpunkt geschehen sein, als sie von den Bürgern zur Kirche geführt und vor dem Altar angelangt waren. Die Spangenberger begruben sie mit großer Trauer, und sie nannten das Wasser, das die beiden der Stadt zugeleitet hatten, den Liebenbach. Man sagt auch, wer davon trinke, ziehe damit den Wunsch ein, ewig in Spangenberg zu bleiben.

Information

Verkehrsamt Spangenberg, Kirchplatz 4, Tel. 05663/7297

Touristische Tips

Die sehenswerte Sammlung des **Jagdmuseums** ist im Zeughaus auf dem Winterwall zu besichtigen. Die schön restaurierte **Altstadt** mit zahlreichen Fachwerkhäusern aus dem Mittelalter lohnt einen Rundgang.

Jedes Jahr im Juli ist Spangenberg Mekka der Springreiter. Dann findet hier das „**Internationale Dressur- und Springreiten**" statt.

dazu, daß Margarethe, als sie 1566 starb, nicht im Kirchenraum - Bigamie galt als Todsünde - begraben wurde; sie wurde in der Vorhalle beigesetzt. Spangenberg sank wieder zur Bedeutung eines Ackerbürgerstädtchens herab. Damals war der Erzähler von Anekdoten und Schwänken, Hans Wilhelm Kirchhof, Amtmann auf Spangenberg. Zu seiner Zeit, um 1600, war das Schloß nur noch ein Verwaltungsposten, als Residenz spielte es keine Rolle mehr. In den folgenden Jahrhunderten wurde die Festung abwechselnd als Garnison, Gefängnis für politische Gefangene, Kriegsgefangenenlager und Forstschule genutzt.

Frühe Neuzeit

1600

Landgraf Moritz der Gelehrte

Daten aus der Geschichte

1592-1632 Landgraf Moritz der Gelehrte (dankt 1627 ab)

Um 1600 Dramen Shakespeares

3. 6. 1600 Erste Probefahrt der "Fuldaböcke" von Rotenburg nach Hersfeld

1601 Offizielle Eröffnung der Fuldaschiffahrt

1607 Vollendung des Rotenburger Renaissance-Schlosses

1609 Erste regelmäßige Zeitung in Europa

Ab 1620 Schnelle Verbreitung des Tabaks in Europa

1627 Teilung des Landes, die "Rotenburger Quart" entsteht

Ab 1694 Wieder-Schiffbarmachung der Fulda nach den Zerstörungen des Dreißigjährigen Krieges

1834 Ende der "Rotenburger Quart"

1849 Die Eisenbahn Kassel-Bebra macht die Fulda-Schiffahrt überflüssig

Vergleichbares aus der Region

Ähnlich schön zeigt sich das Stadtbild Melsungens, ein Ort, für den die Schiffahrt auf der Fulda in vergangenen Zeiten ebenfalls von Bedeutung war.

Schiffahrt auf der Fulda - Rotenburg

Die extrem schlechten Straßenverhältnisse der Vergangenheit machten einen anderen Verkehrsweg interessant: Die Flüsse. Schon im frühen Mittelalter wurde die Fulda als Schiffsweg benutzt. Sturmi, der Schüler des Bonifatius, fuhr auf der Suche nach einem geeigneten Standort für ein neues Kloster per Schiff von Hersfeld die Fulda aufwärts. Kaiser Lothar erteilt im Jahr 850 dem Kloster Fulda das Recht, mit Handelsschiffen zollfrei in alle Richtungen zu fahren. Wie wichtig diese Art von Verkehrswegen war, zeigt der erbitterte Streit zwischen den Klöstern Hersfeld und Fulda um das Schiffahrtsrecht auf der Hörsel, einem kleinen Nebenfluß der Werra. Für viel Streit sorgten auch die unterschiedlichen Nutzungsmöglichkeiten der Fulda. Legten die Anwohner Mühlen und Fischwehre an, beschwerten sich prompt die Schiffer, die ja ein möglichst freies Fahrwasser brauchten. Die Versuche des hessischen Landgrafen Moritz in den Jahren 1592 und 1597, den Fluß bis nach Fulda schiffbar zu machen, scheiterten am Widerstand der dortigen Regierung. Moritz mußte sich also auf den Bereich zwischen Kassel und Hersfeld beschränken. Am 3. Juni 1600 fand die erste Probefahrt mit "Fuldaböcken", wie die Frachtkähne genannt wurden, nach Rotenburg und Hersfeld statt. Der Rotenburger Chronist Friedrich Lucae berichtet darüber: "In Hersfeld traten sie in ein großes Schiff sammt Herrn Joachim, Abt und Fürsten zu Hersfeld, und noch mit zweien grossen Schiffen, worinnen dero Bedienten sassen, schifften herunter bis hierher nach Rotenburg und weiter nach Kassel." Es gab wohl etliche Pannen bei dieser Kahnpartie, denn der Landgraf gab seinem Büchsenmacher Ciliax Leise den Auftrag, den Fuldagrund mit einem eisernen Rechen zu säubern. Die Ufer wurden befestigt, Weiden angepflanzt und Treidelpfade angelegt, auf denen Pferde die Kähne flußaufwärts zogen. 1601 wurde die Fuldaschiffahrt offiziell eröffnet. Neben der heute stillgelegten Schleuse in Rotenburg erinnern zwei Inschriften an

Fuldaschiffe in Rotenburg

Fuldaschiffahrt — Rotenburg

Alte Fuldaschleuse am Schloß

die frühere Schiffahrt. Rotenburg war damals eine aufstrebende Stadt, die in jenen Jahren mit der seit 1340 entstandenen Neustadt auf dem anderen Ufer vereinigt wurde. 1607 wurde das Renaissanceschloß unter Landgraf Moritz vollendet. Bekannt wurde der Ort durch ein politisches Kuriosum, die "Rotenburger Quart". 1627 teilte Moritz das Land unter seine Söhne auf. Eine Nebenlinie schlägt ihre Residenz in Rotenburg auf. 1834 fiel die Quart wieder an Kassel, als der letzte Rotenburger Landgraf, Victor Amadeus, kinderlos stirbt. Zwar erscheint seine Witwe und behauptet, schwanger zu sein, was aber wohl nicht zutrifft.

Während des Dreißigjährigen Krieges brach die Schiffahrt weitgehend zusammen, nur mühsam und gegen großen Widerstand der Bevölkerung konnte die Fulda wieder schiffbar gemacht werden. Noch 1694 berichtet Christoph Stucke, der mit den Wiederherstellungsarbeiten beauftragt war, daß er und sein Knecht dabei fast totgeschlagen wurden. Denn die Anwohner hatten mittlerweile wieder Aalfänge und Fischwehre angelegt, die nun beseitigt wurden. Es half ihnen nichts, seither fuhren wieder regelmäßig Lastkähne auf der Fulda, die Waren bis nach Bremen transportierten. Noch Anfang des letzten Jahrhunderts verkehrten zweimal in der Woche Marktschiffe zwischen Kassel und Hersfeld. Das Ende der Fuldaschiffahrt kam in den 40er Jahren. Der Anschluß der Eisenbahnstrecke Kassel-Bebra 1849 machte die "Fuldaböcke" überflüssig.

Information

Verkehrsamt Rotenburg, Tel. 06623/5555

Touristische Tips

In Erinnerung an die Fuldaböcke kann heute auf einem „Fuldaböckchen" genannten Floß eine geruhsame **Fuldafahrt** von Bebra nach Rotenburg unternommen werden. Anmeldung im Verkehrsamt.

In Rotenburg lohnt sich ein Rundgang durch die **malerische Altstadt**. Sehenswert sind u.a. das Rathaus mit Renaissanceportal, das Landgrafenschloß und das Heimatmuseum.

Die Nachbarstadt **Bebra** ist unter anderem durch das Verkehrsmittel bekannt geworden, das die Fuldaschiffahrt überflüssig machte: die Eisenbahn. Ein Eisenbahnmuseum im Wasserturm erinnert an die große Eisenbahnzeit der Stadt.

17. Jahrhundert 1618 - 1648

Überfall auf Bauern im Dreißigjährigen Krieg

Das Zeitalter des Dreißigjährigen Krieges

Das 17. Jahrhundert wurde durch die Auswirkungen einer Katastrophe bestimmt: den Dreißigjährigen Krieg. Die reichsweite Krise entlud sich unter dem Vorwand von unüberbrückbaren Glaubensgegensätzen zwischen Katholiken und Protestanten zunächst in Böhmen. Aber der "Prager Fenstersturz" bildete nur den Auftakt. In verschiedenen Bündnissystemen, der katholischen Liga auf seiten Habsburgs und der protestantischen Union auf der anderen Seite, kämpften fast alle europäischen Mächte von 1618 bis zum Friedensschluß 1648 auf dem Hauptkriegsschauplatz Deutschland. Hessen-Kassel ist seit 1630 im Bund mit Gustav Adolf von Schweden, dem "Löwen von Mitternacht". Als am 24. Oktober 1648 der Beauftragte der Landgräfin Amalie Elisabeth, Reinhard Scheffer, in Osnabrück den Friedensvertrag unterzeichnet, ist Hessen am Boden zerstört. Besonders wegen seiner Lage an den großen Durchgangsstraßen und der Folgen des "Hessenkrieges" 1645-48, hatte es unter grauenhaften Verwüstungen zu leiden. Über die Hälfte der Bevölkerung war tot, der wirtschaftliche Niedergang allgegenwärtig. Es sollte mehrere Jahrzehnte dauern, bis der Vorkriegsstand wieder erreicht wurde. Der Wiederaufbau des zerstörten Landes ging nur langsam voran. Dazu sollten französische Glaubensflüchtlinge, Hugenotten, beitragen, die unter anderem in dem neugegründeten Karlshafen angesiedelt wurden. Sie sollten vor allem durch die Anlage von Manufakturen und die Umsetzung neuer wissenschaftlicher Erkenntnisse, wie es etwa Denis Papin in Veckerhagen tat, die Wirtschaft des Landes wieder in Schwung bringen.

Daten aus der Geschichte

974 Erste urkundliche Erwähnung

1264/92 Eschwege fällt an Hessen

1581 Umbau der Burg in ein Renaissanceschloß

1618-1648 Dreißigjähriger Krieg

Ab 1622/23 Krieg auch in Hessen

1627 Landgraf Moritz tritt zurück und lebt bis 1632 in Eschwege

1632 Tilly fällt in der Schlacht bei Rain am Lech, König Gustav Adolf von Schweden bei Lützen

1634 Ermordung Wallensteins in Eger

1637 Eschwege wird völlig zerstört

1645 - 1648 "Hessenkrieg"

1648 Friedensschluß

1650 Der "Dietemann" wird in der Turmuhr des Eschweger Schlosses aufgestellt

Vergleichbares aus der Region

Ähnlich wie Eschwege mußte auch Homberg nach dem Ende des Dreißigjährigen Krieges mühsam wiederaufgebaut werden.

Alles wurde vernichtet - Eschwege im Dreißigjährigen Krieg

Die stark ansteigende Inflation zu Beginn des 17. Jahrhunderts durch die "Kipper und Wipper", die gute Münzen beschneiden (kippen) und falsch wiegen (wippen), ist eines der Anzeichen für eine reichsweite Krise, die in die Katastrophe des Dreißigjährigen Krieges mündet. Die kriegerischen Ereignisse, die 1618 in Böhmen mit dem Prager Fenstersturz begannen, erfaßten bald Süddeutschland und wenige Jahre später auch Südhessen. Am 22. Juni 1622 schlug dort bei Höchst die kaiserlich-katholische Armee unter Tilly die protestantischen Truppen des Herzogs Christian von Braunschweig, genannt "der tolle Halberstädter". Ein Jahr danach erreichte das Grauen auch Nordhessen. Kaiserliche Truppen quartierten sich in der Landgrafschaft ein - mit furchtbaren Folgen: "Das Land ernährt den Krieg", wie es damals hieß. Die Soldateska plünderte, mordete und vergewaltigte. Landgraf Moritz zieht die Konsequenz aus dem Scheitern seiner Politik und verzichtet am 17. März 1627 zugunsten seines Sohnes auf den Thron. Er zieht sich auf sein Schloß in Eschwege zurück, wo er am 15. März 1632 stirbt. Frieden sollte das Land noch lange nicht finden. Bis zum Ende des Krieges im Jahr 1648 werden die Menschen von Plünderungen, Mord, Hungersnot und Seuchen heimgesucht. Das Jahr 1637 war wohl das schlimmste. Das Gros der landgräflichen Truppen steht in

Dreißigjähriger Krieg — Eschwege

Westphalen, als die gefürchteten Kroatenregimenter Isolanis in Hessen einfallen. Sie sollen nach dem Willen Kaiser Ferdinand III. Hessen-Kassel wegen des Festhaltens am Bündnis mit Schweden bestrafen. Und das tun sie gründlich: 18 Städte, 48 Schlösser und etwa 300 Dörfer wurden zerstört. Innerhalb eines halben Jahres kam vermutlich ein Drittel der Bevölkerung ums Leben.

Am Gründonnerstag zog sich das hessische Infanterieregiment, das Eschwege schützte, aus der Stadt zurück. Dafür rückten die kaiserlichen Truppen der Generäle Götz und Isolani heran. Wer konnte, floh. Die Zurückgebliebenen traf ein grausames Schicksal. Vierzehn Tage wurde die Stadt geplündert, wurde auf unvorstellbare Weise gefoltert und getötet. Eschwege wurde an mehreren Ecken angezündet. Nur wenige Hütten und Scheunen entlang der Stadtmauer, die Neustädter- und die Stiftskirche, das Hochzeitshaus und das Schloß blieben erhalten. Nach dem Abzug der Soldaten hatten die zurückkehrenden Flüchtlinge unter Seuchen zu leiden. Lange Zeit blieb Eschwege eine Ansammlung von Ruinen. Auf dem Marktplatz wuchs das Gras so hoch, daß man es wie auf einer Wiese mähen konnte. Das Morden ging noch jahrelang weiter. 1640 kamen schwedische Truppen und besorgten den Rest.

Erst acht Jahre später, als über die Hälfte der Einwohner der Landgrafschaft erschlagen, verhungert oder an der Pest gestorben sind, wird Frieden geschlossen. An der politischen Landkarte Hessens haben diese dreißig Jahre Krieg nur wenig geändert. Angesichts der erbärmlichen Lage des Landes sind alle Verlierer.

Es sollte fast hundert Jahre dauern bis diese Verwüstungen beseitigt waren. Ein erstes Symbol des Wiederaufbaus in Eschwege ist das Wahrzeichen der Stadt, der "Dietemann": Seit 1650 dreht diese Figur ihre Runde um die Turmuhr des Schlosses und bläst dabei stündlich ins Horn. Dieser "Tütemann" soll auch den Eschwegern ihren Spitznamen "Dietemänner" eingebracht haben. Vielleicht rührt er aber auch von dem früher hier herrschenden Geschlecht derer von Diete.

Information

Verkehrsbüro Eschwege, Hospitalplatz 16, Tel. 05651/304210

Touristische Tips

Ein Rundgang durch die **Altstadt** führt an vielen sehenswerten Fachwerkhäusern vorbei. Zwei gotische Hallenkirchen - Marktkirche und Neustädter Kirche, beide aus dem 15. Jahrhundert - der besteigbare Klausturm aus dem 12. Jahrhundert und das Landgrafenschloß aus dem 16./17. Jahrhundert sind steinerne Zeugen Eschweger Vergangenheit.

Das **Heimatmuseum**, Vor dem Berge 14a, enthält neben Exponaten aus Volkskunde, Vor- und Frühgeschichte das älteste Fotoatelier.

Ca. 6 km westlich von Eschwege, in Abterode, kann ein Jahrhunderte altes Bergwerk, die Grube Gustav besichtigt werden (Tel. 05657/7500).

In Wanfried, dem östlichen Nachbarort Eschweges, informiert das „**Dokumentationszentrum zur deutschen Nachkriegsgeschichte**" u.a. anhand von Modellen über die alte DDR-Grenze. Anmeldung bei Herrn Friedel Schleicher, Tel. 05655/8603 (siehe Seite 90/91).

Sage

Ritter Hans von der Warthe
Auf dem großen Leuchtberg bei Eschwege stand einst eine Burg, darin wohnte einmal ein Ritter, genannt Hans von der Warthe, mit seiner Schwester, die als eine große Schönheit bekannt war. In der Burg wimmelte es denn auch von Freiern aus der Nähe und Ferne; aber der eine war dem Fräulein nicht recht, der andere dem Junker zu schlecht, und viele mußten mit einem Korb von dannen ziehen. Einer der Freier hatte sich indessen vorgenommen, kein Mittel unversucht zu lassen. Als er in Güte seinen Zweck nicht erreichte, sammelte er seinen Anhang und erschien vor der Burg, um die Jungfrau mit Gewalt zu entführen. Junker Hans war aber ein tapferer Ritter, und der zudringliche Ritter wurde geschlagen und von der Burg abgetrieben. Doch der Ritter gab sein Vorhaben deshalb noch nicht auf; er machte einen zweiten Versuch, und diesmal gelang die Entführung. Junker Hans starb über seinen Racheplänen; aber wenn es Mitternacht schlug, verließ er seine stille Gruft und wandelte durch die verlassenen Räume der Burg. Auch jetzt noch, wo die Zeit jede Spur der Burg vernichtet hat, soll er sich zuweilen auf dem Berg zeigen.

Schloß Eschwege

17. Jahrhundert

1699

Flüchtlinge sollen den Aufschwung bringen - Karlshafen

Daten aus der Geschichte

1572 "Bartholomäusnacht", Massaker an Protestanten in Frankreich

1598 Toleranzedikt von Nantes

1685 Aufhebung des Toleranzediktes, Massenvertreibung und Flucht von Hugenotten und Waldensern aus Frankreich

18. 4. 1685 "Freiheits-Konzession" Landgraf Karls

1699 Baubeginn in Sieburg

1715 Umbenennung Sieburgs in Karlshafen

1730 Entdeckung der Solequellen

Ab 1763 Aufschwung des Salzhandels in Karlshafen

1835 Beitritt Hessens zum preußischen Zollverein, Niedergang des Salzhandels

Seit 1838 Beginn des Sole-Badebetriebes

Vergleichbares aus der Region

Arolsen bietet wie Karlshafen ein anschauliches Beispiel barocker Stadtplanung.

Blick über das Hafenbecken auf das alte Packhaus

Nach dem Ende des Dreißigjährigen Krieges war das Land völlig verwüstet. Dörfer und Städte waren niedergebrannt, ein großer Teil der Bevölkerung erschlagen oder an Seuchen und Hunger gestorben. Der mühsame Wiederaufbau und die wirtschaftliche Modernisierung geschah mit Hilfe französischer Glaubensflüchtlinge: Hugenotten und Waldenser. Diese evangelischen Glaubensgemeinschaften waren in ihrer Heimat schwersten Verfolgungen ausgesetzt, man denke an das Massaker der "Bartholomäusnacht" 1572. Zwar sicherte Heinrich IV. ihnen im "Toleranzedikt von Nantes" 1598 Glaubensfreiheit zu, trotzdem gingen die Verfolgungen weiter. Als 1685 jenes Edikt aufgehoben wurde, mußten etwa 200.000 Hugenotten ins Ausland fliehen. Erst die Französische Revolution brachte ihnen die Gleichberechtigung in ihrer Heimat.

Im selben Jahr, am 18. April 1685, erläßt Landgraf Karl von Hessen-Kassel die sogenannte "Freiheits-Konzession" für diese Flüchtlinge. Er ist damit einer der ersten deutschen Fürsten, die diesen Menschen Asyl bieten - allerdings nicht ohne Hintergedanken: Die Asylsuchenden, die "Manufakturen, so biß danhero in dero Landen nicht getrieben worden, oder auch andere nutzliche Hand Arbeit" betreiben, auch Händler und Kauf-

Hugenotten — Bad Karlshafen

leute, sollen die brachliegende Wirtschaft in Schwung bringen. Etwa 4.000 französische Protestanten folgen dieser Einladung. Ihnen werden freie Ansiedelung, eigene Kirchen und Schulen zugesichert. Fast die Hälfte läßt sich in der neugegründeten Oberneustadt in Kassel nieder, der Rest verteilt sich auf zwanzig weitere Orte, die zum großen Teil "auf dem Reißbrett" neu angelegt wurden.

Einer dieser neuen Orte, mit dem der Landgraf Großes vor hatte, war Sieburg, 1715 in "Carlshafen" umbenannt. Die planmäßig an Diemel und Weser angelegte Stadt sollte zu "dem" Umschlagplatz für Schiffsgüter werden. Um der hessischen Schiffahrt die teuren Stapelgelder im niedersächsischen Hannoversch Münden zu ersparen, plante man einen Kanal von Karlshafen nach Kassel. Das Projekt blieb allerdings bald stecken: Lediglich 300 Meter kamen zustande. Am 18. September 1699 wurde der Grundstein für die nach Plänen des Ingenieurmajors Friedrich Conradi im Stil des Kasseler Hofbaumeisters Paul du Ry streng geometrisch entworfene Stadt gelegt. Den Siedlern wurde bis zu 30 Jahren Steuerfreiheit gewährt. Rund um das Hafenbecken gruppiert sich die barocke Stadtanlage, neben Arolsen das besterhaltene Beispiel dieser Art. Die hochfliegenden Erwartungen erfüllten sich allerdings nicht: Das Zollgebäude und das Packhaus (heute Rathaus) waren nicht ausgelastet, Karlshafen entwickelte sich nicht zum blühenden Umschlagplatz für Schiffsgüter - allerdings für Menschen: Im amerikanischen Unabhängigkeitskrieg "vermietet" der hessische Landgraf über 12.000 Soldaten an England, die zum großen Teil in Karlshafen "verladen" werden. Erst 1763, nach dem Ende des 7jährigen Krieges, konnte die verarmte Stadt, in der sich etwas Textilindustrie entwickelt hatte, neue Einnahmequellen erschließen. 1730 hatte der hugenottische Arzt Jaques Galland zufällig eine Solequelle entdeckt. Als sich der Salzhandel nicht mehr lohnte, kamen einige Einwohner auf die rettende Idee, ein Heilbad zu gründen. Dieser Kurbetrieb konnte sich bis heute halten. Die Geschichte der Hugenotten ist im Hugenotten-Museum, einer ehemaligen Zigarrenfabrik dokumentiert.

Information

Kurverwaltung Bad Karlshafen, Tel. 05672/1022

Touristische Tips

Die Kurverwaltung bietet auf Anfrage **Führungen** „Auf den Spuren der Hugenotten" an.

Bad Karlshafen hat eine **Anlegestelle für Schiffe** der Oberweserdampfschiffahrt. Täglich können von hier aus Berg- oder Talfahrten oder Rundfahrten angetreten werden. Auskunft gibt die Kurverwaltung.

Ca. 3 km weseraufwärts hält der Klosterhof in Helmarshausen eine besondere Kostbarkeit für die Besucher bereit, eine Faksimile-Ausgabe des **Evangeliars Heinrich des Löwen**. Das Original gilt mit 32,5 Mio. DM als teuerstes Buch der Welt.

Oberhalb von Helmarshausen liegt die mächtige Ruine der **Krukenburg**. Noch bevor die Krukenburg zur Befestigung ausgebaut wurde, stand hier schon die Nachahmung der Jerusalemer Grabeskirche, deren Grundriß heute noch gut zu erkennen ist.

Modell der von du Ry geplanten Hugenottenstadt

17. Jahrhundert — 1666

Ofenplatten und Dampfkessel - Veckerhagen

Daten aus der Geschichte

1297 Erste urkundliche Erwähnung

1342 Veckerhagen kommt an Hessen

1456 Erhebung zum Amt Veckerhagen

1581 Eisenhütte in Vaake

1666 Eisenhütte in Veckerhagen gegründet

1669 Rembrandt stirbt

1679 Erstes deutsches Kaffeehaus in Hamburg

1688 Denis Papin übersiedelt von Frankreich nach Marburg

Seit 1695 Papin lebt in Kassel und führt in Veckerhagen Versuche durch

1827 Carl Anton Henschel experimentiert in Veckerhagen

1903 Schließung der Eisenhütte

Eine der wichtigsten Eisenhütten Hessens entstand 1666 in Veckerhagen. Die Verarbeitung von Eisenerzen geschah im Mittelalter meist im Wald, denn zur Feuerung benötigte man enorme Mengen Holz. Über offenen Herdfeuern oder in primitiven Schachtöfen schmolz der Waldschmied mit Hilfe von Holzkohle Erz. In diesen einfachen Öfen ließen sich nur Temperaturen bis etwa 750 Grad erzielen, mühsame Nachbearbeitung des so gewonnenen schwammigen Metallklumpens, der sogenannten "Luppe", machte diese Art der Eisenverhüttung zu einem sehr aufwendigen Geschäft. Mit dem Hammer wurden dann die Schlacken ausgetrieben und unreines Schmiedeeisen gewonnen. Aus zwanzig Kilogramm Erz erhielt man auf diese Weise nach zwei bis drei Stunden bis zu acht Kilogramm Eisen. In dem Maße, in dem Eisen als Rohmaterial seit der frühen Neuzeit immer wichtiger wurde, bemühten sich die Landesherren, die Eisenproduktion unter staatliche Aufsicht zu stellen. Man erkannte schnell die Bedeutung der Eisenhütten als Waffenschmieden. Landgraf Philipp ließ bereits Mitte des 16. Jahrhunderts Kanonen im Kellerwald herstellen. 1581 wurde die landesherrliche Hütte in Vaake eingerichtet, deren erster Schmelzer bereits Erfahrungen in der Hütte von Eschenstruth gesammelt hatte. Das nötige Erz kam aus Hohenkirchen. Nur wenige Jahre später wurde die Eisenschmelzhütte Knickhagen gegründet. Da in Veckerhagen die Wasserver-

Stillgelegte Eisenhütte in Veckerhagen

Eisenhütten — Veckerhagen

Die Eisenhütte in ihrer Blütezeit

sorgung und der Nachschub an Holzkohle besser und günstiger war, ließ der hessische Landgraf die Hütte in Knickhagen eingehen und gründete 1666 den neuen Betrieb in Veckerhagen. Hier wurden bald Ofenplatten, Wasserröhren, Geschütze und Kanonenkugeln hergestellt.

Besondere Bedeutung gewann Veckerhagen für die Entwicklung der Dampfmaschine. Denis Papin, ein französischer Protestant, der nach der Aufhebung des Ediktes von Nantes 1688 nach Marburg übersiedelte, hatte bereits einige Jahre zuvor einen Dampfkochtopf mit Sicherheitsventil entwickelt. 1695 kam er nach Kassel, wo er sich unter anderem mit dem Bau von Dampfmaschinen beschäftigte. Seine praktischen Versuche führte er in der Hütte Veckerhagen durch. Hier wurde der berühmte Papinsche Zylinder gebaut, der versuchsweise als Antrieb eines Dampfbootes diente. Wegen technologischer Schwierigkeiten und auch aufgrund mangelnder Unterstützung blieben seine Veckerhagener Erfindungen im Versuchsstadium stecken. Er war der erste, der - seiner Zeit weit voraus - vorschlug, den Luftdruck als Kraftquelle zu nutzen.

Die Eisenhütte Veckerhagen war im 18. und 19. Jahrhundert die bedeutendste in der ganzen Landgrafschaft. Veckerhagener Produkte, vor allem Öfen, wurden bis nach Amerika exportiert. Der Kasseler Hofarchitekt Johann Conrad Bromeis entwickelt hier neuartige Eisengußteile für das Bauwesen, der Industrielle Carl Anton Henschel baut 1827 in Veckerhagen sein Wassersäulengebläse und experimentiert an Turbinen und Dampfmaschinen. Der Erfinder des Bunsenbrenners, Robert Wilhelm Bunsen, forscht dort über Hochofengase. In der Mitte des 19. Jahrhunderts, in der Blütezeit der Produktion, werden jährlich sechshundert Tonnen Gußeisen hergestellt. Doch bald geriet die Hütte in eine Krise, von der sie sich nicht erholen sollte. Seit 1868 wird sie als Maschinenfabrik betrieben, 1903 muß der Betrieb endgültig eingestellt werden. Die heute noch erhaltenen Gebäude bieten ein anschauliches Bild der Industriearchitektur aus der Mitte des vorigen Jahrhunderts.

Sage

Die Belagerung der Bramburg

Auf der Bramburg an der Weser, unterhalb Veckerhagen, wohnten die Herren von Stockhausen, welche als arge Schnapphähne und Wegelagerer berüchtigt waren. Dem nahen Kloster Bursfelde nahmen sie die Weinzufuhren weg und den Weserschiffen waren sie besonders gefährlich. Sie hatten eine Kette quer durch den Strom gezogen, welche alle hinauf- und hinabfahrenden Schiffe aufhielt und, sobald ein Schiff anlief, eine mit einer Linie daran befestigte Signalglocke in Bewegung setzte. Wenn die Glocke ertönte, eilten die Stockhausens mit ihren Knechten zum Ufer, überfielen die Schiffe und nahmen ihnen die Waren ab. Um diesem Unwesen Einhalt zu gebieten, stellten die Mündener, im Bunde mit Northeim und anderen nahen und fernen Städten, ein großes Heer auf und belagerten die Bramburg so lange, daß dem Herrn von Stockhausen endlich nichts übrig blieb, als sich zu ergeben. Nur der Burgfrau gestand man freien Abzug zu mit allem, was sie in einer Schürze tragen könne. Es war ihr kleiner Sohn, den sie in der Schürze mitnahm. Der Burgherr soll noch im letzten Augenblick Mittel gefunden haben zu entkommen.

Information

Verkehrsamt Reinhardshagen, Amtsstr. 10, 34359 Reinhardshagen, Tel. 05544/79233

Touristische Tips

In Veckerhagen gibt es eine der letzten **Gierseilfähren**. Sie bringt ohne Motor, nur durch die Kraft der Wasserströmung, Fahrgäste über die Weser nach Hemeln.

Ca. 8 km weserabwärts liegt **Kloster Bursfelde** mit seiner romanischen Klosterkirche.

10 km flußaufwärts liegt **Hann. Münden**, die sehenswerte mittelalterliche Fachwerkstadt am Zusammenfluß von Werra und Fulda.

Etwa 10 km nordwestlich von Veckerhagen steht mitten im Reinhardswald das "Dornröschenschloß" Sababurg (siehe Sababurg S. 34/35).

17. Jahrhundert

Daten aus der Geschichte

1228 Erste urkundliche Erwähnung Eigentliche Gründung erst im 15. Jahrhundert, Bau von Glashütten

1406 Spessart-Bund, Organisation der Glasmacher

Um 1500 Aufblühen der Glasmacherei im Kaufunger Wald

1525 Großalmerode zentraler Versammlungsort der Glasmacher

Ende des 16. Jahrhunderts Übergang zur Töpferei, Schließung vieler Glashütten

1775 Erhebung Großalmerodes zur Stadt, Exportschlager: Tonpfeifen

Sage

Diebe bannen

In Großalmerode erzählt man von einer Frau, der immer in ihrer Wohnung Geld gestohlen wurde. Da ließ sie sich einen Schwarzkünstler kommen, der ging in das Zimmer, wo das Geld immer fortkam, nahm einen kleinen Handwagen mit, legte sich in dem Zimmer auf den Rücken, drehte immerfort ein Rad und sprach dazu: "Den Tod wollen wir nicht von dieser Person, aber ein Kennzeichen an der Hand wollen wir. Wir wollen aber auch kein Kennzeichen, wenn diese Person das Geld wiederbringt." Das Geld brachte niemand zurück, aber eine Frau, die viel in das Haus gegangen war, bekam eine kranke Hand, mußte ins Krankenhaus, und es wurden ihr einige Finger abgenommen. Daraufhin wurde die Hand wieder still gesprochen, sonst wäre sie ganz verloren gewesen.

Ton und Glas - zwei Wirtschaftszweige entwickeln sich

Die Entwicklung vieler Handwerke von kleinen Betrieben zu industriell arbeitenden Unternehmen war ein jahrhundertelanger Prozeß. Sie lassen sich deshalb nur schwer einer einzelnen Epoche zuordnen. Die Töpferei etwa wurde schon seit Jahrtausenden betrieben, aber erst im 17. und 18. Jahrhundert spezialisierten sich zum Beispiel die Großalmeröder Töpfer. Erst im 19. Jahrhundert mußten viele Betriebe im Zuge der Industrialisierung schließen. Ähnlich erging es den Glasherstellern: Vom kleinen Betrieb einer Wanderhütte bis zur Einrichtung einer Glasfabrik in Immenhausen im Jahre 1897.

Ton, Tiegel, Töpfe - Keramik aus Großalmerode

Die Töpferei machte Großalmerode berühmt, man sieht es heute noch am Wappen: Drei Schmelztiegel, darunter tönerne Murmeln, sogenannte "Knicker". Die Ursprünge der Töpferei im Ort liegen noch im Dunkel, reichen mit Sicherheit aber bis in das hohe Mittelalter zurück. Vermutlich waren die reichen Tonlager des Hirschberges Ursache der Ortsgründung. Das Aufblühen der Glasmacherei im Kaufunger Wald förderte auch die Entwicklung der keramischen Gewerbe. Großalmerode war in der frühen Neuzeit Hauptversammlungsort des Gläsnerbundes, des ehemaligen "Spessartbundes". Als am Ende des 16. Jahrhunderts viele Glashütten stillgelegt werden mußten, weil sie durch ihren immensen Holzbedarf den Wald schwer schädigten, scheinen viele Glasmacher zur Töpferei hinübergewechselt zu sein. Damals wurden in Großalmerode vor allem Krüge, Töpfe und Kacheln hergestellt. Gerade die Herstellung und der Export von Ofenkacheln nahmen bis zum Dreißigjährigen Krieg enorm zu. Später verdrängten Eisenöfen die bislang üblichen Kachelöfen. Im 17. und 18. Jahrhundert spezialisierten sich die Großalmeröder Töpfer. Nun gab es regelrechte Sparten: Irdenwaretöpfer, Krügetöpfer, Tiegelmacher und Hersteller von Murmeln. Die Tongruben und die Ziegelei wurden

Töpferei aus dem vorigen Jahrhundert in Großalmerode

Töpferei — Großalmerode

wieder von anderen betrieben. Im späten 18. Jahrhundert, 1775, wird Großalmerode zur Stadt erhoben. Die Töpfer im Ort hatten damals einen Exportschlager, der millionenfach bis nach Amerika exportiert wurde: Tonpfeifen. Zwei Sorten wurden hergestellt: Lange Pfeifen für den deutschen Markt und kurze, sogenannte "Sklavenpfeifen" für den Export. Die Ausfuhr von Tonwaren nach Übersee machte Großalmerode so bekannt, daß es angeblich sogar vorkam, daß Post nach Kassel mit dem Zusatz versehen war: "Kassel bei Großalmerode".

Der Aufschwung scheint aber nicht lange angehalten zu haben. Im 19. Jahrhundert kriselte es. Mittlerweile wurden andernorts viele Produkte industriell gefertigt und auch andere Materialien, wie etwa Porzellan, bevorzugt. In Großalmerode ließ sich die Krise noch etwas hinauszögern, einige Werkstätten stellten auf die Massenproduktion von Apothekenbüchsen um, ein Gewerbe, das bis zum I. Weltkrieg und darüber hinaus florierte. Noch im Jahre 1905 galt Großalmerode als Industriestadt. Damals gab es im Ort unter anderem eine Glasfabrik, die gläserne Telegraphenstangen für die Tropen herstellte, zwei Ziegeleien, sechs Töpfereien, Schmelztiegel- und Schamottesteinfabriken, Schneiderkreidefabriken, einen Betrieb zur Herstellung von Tonpfeifen, eine Tonmühle und fünf Tongruben, die den Ton roh oder gebrannt exportierten.

Ein Gedicht des "Landgerichts-Secretarius und Stadt-Actuarius" Philip Koch, anläßlich der Erhebung Großalmerodes zur Stadt am 23. April 1775, hebt die Bedeutung der Töpferei für den Ort hervor:

Information

Verkehrsamt Großalmerode

Touristische Tips

Ein in Deutschland einmaliges **Fachmuseum** vermittelt Einblicke in die Geschichte des keramischen Gewerbes und der Glasbläserei.

Großalmerode liegt zwischen den Höhenzügen des Kaufunger Waldes und des Hohen Meißners. Daher ist der Ort idealer Ausgangspunkt für **Wanderungen** in die Mittelgebirge. Besondere Attraktion in diesem Zusammenhang sind auch die Waldgaststätten. Fernab von Straßen und Orten und ohne Stromanschluß genießt man hier die eigenartige Atmosphäre z.B. im Fehrbachtal, am Bilsteinturm und am Exberg bei Ebterode.

Der westliche Nachbarort **Helsa** ist wegen seiner zahlreichen schönen Fachwerkhäuser sehenswert. Der gesamte Ort steht unter Denkmalschutz.

Ca. 10 km östlich von Großalmerode liegt **Bad Sooden-Allendorf**, die alte Salzsiederstadt mit Salzmuseum, Gradierwerk und den sehenswerten Altstädten Sooden und Allendorf (siehe Seite 38 f).

"Durch Treu und Fleiß kommt Ruhm,
So wird ein Ort zur Stadt,
Den Werth schäzt Friedrich,
Den er geprüfet hat.
Selbst der noch rauhe Muth der Chatten,
Haut früh Gebüsch und Wälder um,
Gab da, wo sich sonst Wölfe gatten,
Dem Bürger Feld und Eigenthum.

In solcher Zeit, Großalmerode:
Erfand ein Weiser deinen Werth.
Und deine Waaren bleiben Mode,
Bis Mond, und Sonne aufgehört.
Man kennet in entferntsten Reichen,
Berühmt'ste! Deiner Meister Hand.
Dein Tiegel hat nicht seines gleichen.
Wo ist dein Thon? wo Erd und Sand?

Keramische Abteilung im Museum von Großalmerode

17. Jahrhundert

Glas aus dem Reinhardswald - Immenhausen

Daten aus der Geschichte

Um 800 Vermutliche Entstehung des Ortes

1201 Erste urkundliche Erwähnung

1298 Stadtrecht

Seit 1500 Glasmacherei im Reinhardswald

1553 Pest

1585 und **1603** Stadtbrände

1631 Zerstörung der Stadt im Dreißigjährigen Krieg

1884 Anschluß an die Eisenbahn

1897 Gründung der Glasfabrik

Vergleichbares aus der Region

Großalmerode im Kaufunger Wald war ebenfalls ein Zentrum der Glasherstellung im späten Mittelalter (siehe S. 52).

Sage

Grenzzug

Zwischen Immenhausen und Burguffeln liegt eine Mühle gerade auf der Grenze der Feldmark. In früheren Zeiten war es üblich, daß die Obrigkeit mit den Feldhütern, Förstern und vielen Einwohnern von Zeit zu Zeit die Grenze beging, damit durch Verjährung nichts verloren ginge. Wenn der Zug an jener Mühle anlangte, mußte der Müller die ganze Gesellschaft bewirten; wollte er das nicht, mußte er sich gefallen lassen, daß sie ihm die Wände einschlugen und geraden Wegs mitten durch sein Haus zogen, denn die Grenze lief durch die Küche über den Herd hinaus.

Wer heutzutage schwer beladen zum Altglascontainer zieht und Einwegflaschen entsorgt, ahnt wohl kaum, daß Glas einst ein höchst kostbares Produkt war.

Fensterscheiben, Gläser und Flaschen waren früher keine Gegenstände des täglichen Lebens, sondern teuer und selten. Die von den Römern kultivierte Kunst der Glasherstellung war in Nordeuropa lange Zeit unbekannt. Von Italien aus verbreitete sich das Wissen um die Glasproduktion langsam nach Norden. Berühmt waren im Mittelalter vor allem die venezianischen Glashütten. Kostbare italienische Gläser waren der Stolz jedes Fürsten. Für den kirchlichen Bedarf stellten einige Klöster in Deutschland Glas nach römischen Rezepten her. Im hohen Mittelalter werden auch in unseren Landen die ersten Glashütten urkundlich nachweisbar. Am 23. Juni 1406 organisiert der Spessartbund in der ersten deutschen Gläserordnung dieses Gewerbe zunftmäßig über alle Landesgrenzen hinweg. In Nordhessen ist das Glasmacherhandwerk seit etwa 1500 verbreitet. Damals siedelten sich böhmische und thüringische Glasmacher im Kaufunger Wald an. Die Zunftbestimmungen waren streng: Die Hütten durften nur von Ostern bis zum Martinstag betrieben werden, Preise und Mengen waren ebenfalls vorgeschrieben. Nur die Söhne von Glasmachermeistern durften dieses Handwerk erlernen.

Nordhessen war wegen seines Waldreichtums ein geeigneter Standort für dieses Gewerbe, denn eine Glashütte verbrauchte jährlich bis zu 3000 Festmeter Buchenholz. Kein Wunder also, daß die ersten Glashütten Wanderbetriebe waren, die wegen ihres enormen Holzbedarfes immer tiefer in die Wälder zogen. Der Kaufunger Wald und der Reinhardswald bildeten deshalb bald die Zentren der hessischen Glasproduktion. Infolge des Bauernkrieges von 1525 wurde der Versammlungsort der Gläserzunft vom Spessart nach Großalmerode verlegt. Zur selben Zeit existieren auch mehrere Glashütten im Reinhardswald, die unter anderem von der

Glasbläser in der Glashütte Süssmuth

Glas — Immenhausen

Das Glasmuseum in Immenhausen

Familie von Buttlar betrieben werden. Die Einrichtung fester Glashütten war erst möglich, nachdem man gelernt hatte, die Kohle als Brennmaterial zu nutzen und das Abholzen der Wälder zu stoppen. Erst im 18. Jahrhundert entstand so in Ziegenhagen ein ständiger Betrieb, der zur Keimzelle der bekannten Süssmuth-Hütte wurde. Die von Buttlar-Elberberg gründeten 1897 in Immenhausen eine Glasfabrik für den Bedarf der chemischen und pharmazeutischen Industrie. Bis 1937 wurde der Betrieb unter wechselnden Eigentümern betrieben. Als nach dem Zweiten Weltkrieg aus ihrer Heimat vertriebene böhmische und nordschlesische Glasmacher die zerstörte Fabrik am Immenhäuser Bahnhof wiederaufbauten, schlug die Geburtsstunde der Glashütte Süssmuth. Richard Süssmuth war ein von der Bauhaus-Ära beeinflußter Glasdesigner, der danach strebte, funktionale, aber gleichzeitig auch formschöne Gläser zu entwerfen und herzustellen. In diesem Betrieb, der 1970 an die Belegschaft übertragen wurde und der mittlerweile ein Glasmuseum beherbergt, wurden nicht nur Gläser hergestellt, sondern auch Glasmalereien, die sich in zahlreichen Fenstern hessischer Kirchen finden.

Information

Stadt Immenhausen, Tel. 05673/503-0

Touristische Tips

Die **Glashütte Süssmuth** bietet Hüttenführungen an. Man kann dort den gesamten Herstellungsprozeß mundgeblasener Glaserzeugnisse ansehen. Das angeschlossene Glasmuseum zeigt nicht nur Süssmuth Glaskunst sondern auch Kunstwerke anderer Glasdesigner.

Zahlreiche **alte Fachwerkhäuser** in Immenhausen sind sehenswert, vor allem das Rathaus, das Hospital, der Renthof und die Zehntscheune.

Der Nachbarort **Grebenstein** ist wegen seiner gut erhaltener Befestigungsanlagen ein lebendiges Beispiel für mittelalterliche Städte. Fünf Stadttürme und Teile der Stadtmauern stehen noch. Ansehen sollte man sich auch das Ackerbürgermuseum in einem Fachwerkhaus aus dem 15. Jahrhundert (siehe Seite 28 f).

Ca. 7 km westlich liegt **Schloß Wilhelmsthal** bei Calden (siehe Seite 10 f).

Sage

Zeugnis der Unschuld

Im Felde zwischen Grebenstein und Immenhausen liegt ein Triesch, welches die "weiße Frau" genannt wird. Hier soll sich früher eine Richtstätte befunden haben, und man erzählt davon folgende Sage. Auf dem Steckhauischen Gut zu Immenhausen diente einmal eine Kindermagd, welche, um einen unruhigen Säugling zu stillen, diesen mehrmals die eigene Brust reichte. Die Mutter wunderte sich, daß das Kind nicht nach ihr verlangte, fragte die Magd aus und stellte fest, daß diese Milch in der Brust hatte. Die Magd schrieb diesen Umstand einem Wunder zu; als aber zu derselben Zeit in der Nähe von Immenhausen ein ungeborenes totes Kind gefunden wurde, fiel ein schwerer Verdacht auf sie, und der Rat ließ sie ins Gefängnis werfen. Sie wurde für die Mutter des gefundenen Kindes erklärt, des Kindesmordes schuldig gesprochen und zum Tode verurteilt, obgleich sie beharrlich leugnete. das tote Kind geboren, geschweige denn getötet zu haben. Noch auf der Richtstätte rief sie laut: "Ich bin so gewiß unschuldig, als auf all den Stellen, welche mein Blut bespritzt, niemals wieder Gras wachsen wird!" Als sie hingerichtet war, versengte das Gras, das von ihrem Blut benetzt war, und es ist seitdem kein anderes an diesem Platz gewachsen.

18. Jahrhundert 1710

Der steinerne Saal im Schloß Arolsen

Nordhessen im 18. Jahrhundert

Das 18. Jahrhundert ist die Zeit der Hochkonjunktur für die Barock-Baumeister. Die Folgen des Dreißigjährigen Krieges sind endlich überwunden, die absolutistischen Fürsten lassen sich überall prunkvolle Residenzen nach dem Vorbild Versailles bauen. Auch Kultur und Wissenschaft fassen wieder Tritt. Philosophie und Literatur der Aufklärung verbinden sich mit so berühmten Namen wie Lessing, Voltaire oder Kant. Aber auch von kriegerischen Ereignissen bleibt Hessen nicht verschont. Der Siebenjährige Krieg zog das Land stärker in Mitleidenschaft als die anderen Auseinandersetzungen zwischen Maria Theresia und Friedrich dem Großen. Eine der letzten Schlachten dieses Krieges (1756-1763), in dem es auch um die Großmachtinteressen Englands und Frankreichs ging, fand bei Wilhelmsthal statt. Hessen-Kassel konnte die Kriegsfolgen schneller überwinden als Hessen-Darmstadt; erfolgreiche Subsidiengeschäfte, der Verleih von Soldaten, füllten die landesherrlichen Kassen bald wieder. Allerdings brachten diese Praktiken den Landgrafen auch ins Zwielicht. Der Soldatenhandel vertrug sich schlecht mit der Idee der Menschenrechte, die damals in den gerade entstehenden USA proklamiert wurden, denn gerade gegen die zogen die hessischen Soldaten im Dienste Englands zu Felde.

Die ganze Epoche überspannt wohl eines der bedeutendsten Natur-Kunstdenkmäler überhaupt, der Bergpark Wilhelmshöhe, in dessen Anlage die Stilrichtungen des späten 17. bis zum frühen 19. Jahrhunderts vereinigt sind. Die Französische Revolution von 1789, die am Rande auch in der Landgrafschaft Hessen-Kassel spürbar wird, läutet das Ende dieses Zeitalters ein.

Daten aus der Geschichte

1131 Gründung des Augustinerinnenklosters

1526 Umbau des Klosters zum Schloß

1710 Abriß des alten Gebäudes, Baubeginn am Schloß Arolsen

1711 Erhebung Graf Anton Ulrichs von Waldeck zum Reichsfürsten

1720 Einzug des fürstlichen Hofstaates

1728 Arolsen ist Regierungssitz

1868 Übertragung der Verwaltung des Zwergstaates Waldeck an Preußen

1928 Freistaat Waldeck geht in Preußen auf

Vergleichbares aus der Region

Beispiele des barocken Baubooms sind auch der Herkules in Kassel oder die Anlage Karlshafens (siehe Seite 62 f und Seite 48 f).

Es sollte ein kleines Versailles werden - Arolsen

Das Zeitalter des Barock begann in unserer Gegend zwar spät, fand aber in der Gestalt des Residenzschlosses Arolsen hervorragenden Ausdruck. Seit etwa 1600 dokumentiert sich im europäischen Barock der umfaßende Machtanspruch absolutistischer Fürsten. Der berühmte Spruch Ludwigs XIV. von Frankreich: "Der Staat bin ich" charakterisiert das Denken dieser Herrscher. Frankreich galt damals überhaupt als "Trendsetter": Wer etwas auf sich hielt, sprach französisch, wer es sich leisten konnte, nahm sich ein Beispiel an der Architektur des Schlosses Versailles bei Paris. Dieser ab 1661 errichtete Prachtbau sprengt alle Dimensionen: Hier gab es Platz für über 10.000 Personen. All das kostet natürlich Geld. Der französische Finanzminister Colbert entwickelt die erste staatlich gesteuerte Wirtschaftspolitik mit Haushaltsplanung und exakter Buchführung. Dieser sogenannte Merkantilismus ermöglicht durch die Belebung von Handel und Gewerbe erst diese enorme Prachtentfaltung. Manufakturen werden eingerichtet und Binnenzölle abgeschafft, das ganze Land streng auf die Zentrale Paris ausgerichtet.

Dieser prunkvolle Lebensstil des "Sonnenkönigs" fand zahlreiche Nacheiferer in ganz Europa, auch in Deutschland. Hier bewirkte allerdings die Katastrophe des Dreißigjährigen Krieges einen gewissen Rückstand: Erst

Barock — Arolsen

zu Beginn des 18. Jahrhunderts entfaltet sich die Kunst und Architektur des Barock auch in unseren Breiten. Allerdings war hier die Situation eine andere. Anders als das zentralistisch regierte Frankreich bestand Deutschland aus einer Unzahl selbständiger Fürstentümer, deren Herrscher ungeachtet ihrer beschränkten finanziellen Mittel dem französischen Vorbild nacheiferten.

Einer dieser Fürsten war Graf Anton Ulrich von Waldeck, der 1711 vom Kaiser zum Reichsfürsten erhoben wurde. Er wollte sein Zwergfürstentum nun auch standesgemäß regieren und ließ das alte Klosterschloß abreißen. An seine Stelle trat eine Nachahmung des Schlosses Versailles, die zu den schönsten Barockresidenzen Hessens zählt. Auf die Residenz ausgerichtet, wurde gleich die ganze Stadt auf dem Reißbrett entworfen. Am 13. September 1720, zehn Jahre nach der Grundsteinlegung, bezieht der fürstliche Hof den noch unfertigen Bau des Architekten Julius Ludwig Rothweil. Gleichzeitig entstehen die ersten Beamtenhäuser, acht Jahre später wird Arolsen Regierungssitz. Aber, wie das oft der Fall ist, das übersteigerte Geltungsbedürfnis des Fürsten übertraf seine Finanzen bei weitem. Die Ebbe in der Kasse führte dazu, daß die ehrgeizigen Stadtbauvorhaben abgebrochen werden mußten, nur die westliche Stadthälfte konnte nach Plan errichtet werden. Davon unbeirrt ließ er von namhaften Künstlern das Schloß zum "Musentempel" ausbauen. Hier sind vor allem der Bildhauer und Stukkateur Andrea Gallasini und der Maler Carlo Ludovico Castelli, der die Deckenmalereien schuf, zu nennen. Das künstlerische Ambiente wirkte auch auf die Arolser anregend. Aus den Familien fürstlicher Bediensteter gingen der Bildhauer Christian Rauch (1777-1857) und der Maler Wilhelm von Kaulbach (1805-1874) hervor.

Heute noch locken die Arolser "Barock-Festspiele" scharenweise Besucher in die unvollendete Residenzstadt. Mit der Residenz war es übrigens nicht weit her: Bereits 1868 mußte die Verwaltung des Zwergstaates an Preußen übertragen werden und nach dem I. Weltkrieg war auch Schluß mit der Reichsfürstenherrlichkeit.

Information

Kurverwaltung Arolsen, Prof. Klapp Str. 14, Tel. 05691/2030

Touristische Tips

Besichtigung des **Schlosses** von Mai bis September.

Das **Arolser Stadtmuseum** bietet dem Besucher drei dezentralisierte Ausstellungsorte: das Schreibersche Haus mit kostbarer Innenausstattung u.a. von Tischbein; das Kaulbach Haus, Stammhaus der Künstlerfamilie Kaulbach - Kunstschreiner und Maler -; das Rauch-Haus, Geburtshaus eines der bedeutendsten Bildhauer des Klassizismus.

Jedes Jahr im Juli finden in Arolsen **Barockfestspiele** statt, deren Höhepunkt ein höfisches Fest ist.

Ca. 3 km östlich von Arolsen, in der Nähe des Stadtteils Wetterburg, liegt der **Twistestausee**, ein Badesee mit Wassersportmöglichkeiten wie Wasserski, Windsurfing und Tretbootfahren.

Sage

Die Stollmühle

Der Fürst Anton Ulrich reiste einmal von Arolsen nach Fritzlar. Bei seiner Rückkehr war die Eder so groß geworden, daß er sich fürchtete, hindurchzureiten. Da erbot sich ein junger Müllerbursche aus Fritzlar, vor ihm herzureiten. Dadurch bewogen, sagte der Fürst zu ihm: "Mein Sohn, hast du Lust, später einmal in meinem Land eine Mühle zu pachten, so wende dich an mich." Der junge Mensch pachtete aber die Mühle zu Gellershausen. Als aber später diese Mühle ohne sein Wissen an einen anderen verpachtet worden war, machte er sich nach Arolsen auf. Auf seinem Weg dorthin kam er an einen Platz, wo zwei Arrestanten, welche auf dem Schloß Waldeck gesessen hatten, wegen eines Hammerwerkes einen ungefähr 100 Fuß langen und 10 Fuß hohen Stollen durch den Berg gehauen hatten, wofür ihnen ihre Freiheit geschenkt war. Dieser Platz gefiel ihm so gut, daß er in Arolsen den Fürsten bat, ihm diesem Platz schenken zu wollen. Der Fürst schenkte ihm denselben und nun erbaute er hier eine Mühle, die den Namen "Stollmühle" erhielt.

Barockschloß Arolsen

18. Jahrhundert — 1762

Im Siebenjährigen Krieg - das Gefecht von Wilhelmsthal

Daten aus der Geschichte

Im Dreißigjährigen Krieg wüst gewordene Siedlung Amelgotsen, kleines Wasserschloß "Amalienthal" im 17. Jahrhundert

1721 Johann Sebastian Bach: Brandenburgische Konzerte

1743 Baubeginn Schloß Wilhelmsthal

1749 Händel: Feuerwerksmusik

1755 Außenbauarbeiten vollendet

1756 Wolfgang Amadeus Mozart geboren

1756-1763 Siebenjähriger Krieg

24.6.1762 Schlacht von Wilhelmsthal

1770 Ludwig van Beethoven geboren

Vergleichbares aus der Region

Das Schlößchen Schönfeld in Kassel gehört in dieselbe Epoche wie das Rokoko-Schloß Wilhelmsthal.

Eine der letzten Schlachten des Siebenjährigen Krieges (1756-1763) fand am 24. Juni 1762 bei Wilhelmsthal statt. Jener Krieg wurde sowohl in Europa, als auch in Übersee ausgetragen. Die Großmächte der damaligen Zeit, Österreich, Preußen, England und Frankreich, kämpften um eine Neuverteilung der Macht auf dem Kontinent und in den überseeischen Kolonien. Hessen war dabei eigentlich eher ein Nebenkriegsschauplatz. Hessen-Kassel, traditionell mit Preußen und Großbritannien verbündet, stellt - gegen bare Münze - schon zu Kriegsbeginn 12.000 Mann in britische Dienste. Später werden es sogar 20.000 sein. Die Folgen für die Bevölkerung sind furchtbar. Nachdem die alliierte Armee der Engländer, zu der neben Hessen auch Braunschweiger und Hannoveraner gehören, 1757 die Schlacht bei Hastenbeck verloren hat, rücken Anfang Juli französische Truppen in Nordhessen ein. Einquartierung und Plünderungen lähmen das Wirtschaftsleben. Es folgen weitere Niederlagen bei Sandershausen und Lutterberg. Kassel wird mehrfach besetzt, der Landgraf muß flüchten. Im Lauf des Jahres 1760 ziehen die Truppen der verfeindeten Fürsten kreuz und quer durch das Land; ob Freund oder Feind ist dabei unerheblich, die Ernte wird zertrampelt, den Bauern das Vieh weggenommen, Teuerung und Hungersnot sind die unausweichlichen Folgen. So kostet

Rokokoschloß Wilhelmsthal

7-jähriger Krieg — Wilhelmsthal

Historische Darstellung von Wilhelmsthal

Information

Gemeinde Calden, Holländische Str. 35, 34379 Calden, Tel. 05674/7020

Touristische Tips

In unmittelbarer Nähe des Ausgrabungsgeländes liegt der **Flugplatz Calden,** von dem regelmäßig vor allem kleinere Verkehrsmaschinen starten. Motorrundflüge, Heißluftballonflüge und Hubschrauberrundflüge können hier gebucht werden. Eine Ultraleichtflieger- und eine Fallschirmspringerschule haben ihren Sitz ebenfalls dort.

Zwei Kilometer südlich der Ortschaft Calden liegt eines der schönsten Rokoko-Schlösser Deutschlands: **Schloß Wilhelmsthal** in einem 36 Hektar großen Park. Das Schloß kann von März bis Oktober besichtigt werden. Im Sommer finden im Rokokogarten Wasserspiele statt und mehrmals im Jahr werden Konzerte in Wilhelmsthal gegeben.

Ca. 10 km weiter nördlich, in Kassel, liegt **Schloß Wilhelmshöhe** in einem 300 Hektar großen Bergpark mit Löwenburg, Herkules und Gewächshaus.

das Viertel (= 2,70 Zentner) Korn, das normalerweise für drei Taler zu haben war, gegen Ende des Krieges 24 Taler! 1762 spitzen sich die Ereignisse zu: Am nördlichen Diemelufer haben sich die alliierten Truppen des Herzogs von Braunschweig verschanzt, weiter südlich liegen die französischen Einheiten. Im Park des nagelneuen Rokokoschlößchens Wilhelmsthal sollte es zur Entscheidung kommen.

Die Außenarbeiten an diesem Bau, entworfen von dem Münchener Hofarchitekten Cuvilliés d. Ä., waren 1755 vollendet. Verantwortlich für die eleganten Innendekorationen waren der Bildhauer Johann August Nahl und der Maler Johann Heinrich Tischbein. Wenn man heute durch Schloß und Park wandert, kann man sich gut vorstellen, wozu die Anlage dienen sollte: Fernab der Residenz als "Wochenendhäuschen", besser Lust- und Jagdschloß. So etwas war damals "in" unter Fürsten. In diese feudale Umgebung bricht nun der Krieg ein. Am 24. Juni 1762 um 4 Uhr morgens überschreiten die alliierten Truppen in sieben Kolonnen die Diemel. Langsam wurden die französischen Truppen, die zwischen Karlsdorf und Meimbressen standen, zurückgedrängt, ja, ihnen drohte die Gefahr einer Umklammerung. Das Korps des Generals Stainville deckte im Park des Schlosses von Wilhelmsthal den Rückzug der Hauptarmee. Am Nachmittag war alles vorbei. Etwa 3.000 Franzosen waren tot oder verwundet, ebensoviele gefangengenommen. Die Verluste der Alliierten waren relativ gering: 410 Tote und Vermißte, 273 Verwundete. Die meisten Toten wurden in Massengräbern entlang der Innenseite der Parkmauer begraben. Noch Tage später fanden Bauern in der Umgebung Leichen. Bis in unser Jahrhundert rankten sich in den umliegenden Orten Legenden um dieses Ereignis. Bei Ehrsten soll ein französischer Reiter während einer Patrouille erschossen und am Weg begraben worden sein. Aus einer Birne, die er in seinem Vorratsbeutel hatte, sei ein Birnbaum entsprossen, der folgerichtig "Franzosenbirnbaum" genannt wurde. Als der Baum 1910 ausgerodet wurde, sollen sich tatsächlich menschliche Knochen und französische Uniformknöpfe gefunden haben.

18. Jahrhundert — 1776

Soldaten zu vermieten - Ziegenhain

Die Festung Ziegenhain war einer der Sammelpunkte für hessische Soldaten, die 1776 nach Amerika geschickt wurden.

Während des 17. und 18. Jahrhunderts war es bei den deutschen Fürsten durchaus üblich, Truppen gegen Zahlung von Hilfsgeldern, sogenannten Subsidien, an kriegführende Staaten zu vermieten. So kämpften Hannoveraner 1704 vor Gibraltar, Waldecker für die Niederlande oder Württemberger für Frankreich. Einer der ganz Großen in diesem Geschäft der Vermietung von "Landeskindern" war der hessische Landgraf. Am 15. Januar 1776 unterschreibt der hessische Minister Martin Ernst von Schlieffen einen Subsidienvertrag mit England. Zunächst 12.000 Mann, mit den "Ersatzlieferungen" für Tote und Verwundete rund 17.000, sollen für die englische Krone in Amerika gegen die für ihre Unabhängigkeit kämpfenden Amerikaner zu Felde ziehen; das heißt, gut drei Viertel der landgräflichen Armee gehen nach Übersee. Für den Landesherrn war dies ein gutes Geschäft, belief sich doch der Reingewinn aus diesem Handel auf circa 13 Millionen Taler. Die meisten hessischen Truppen wurden in Karlshafen auf Kähne verfrachtet und fuhren die Weser hinunter bis Bremerlehe. Dort stiegen sie in Hochseeschiffe um und erreichten nach langer Fahrt Nordamerika. Dort nutzen einige Soldaten die Gelegenheit, sich aus dem Staub zu machen und in der "Neuen Welt" ihr Glück zu versuchen, da die legale Auswanderung in Hessen-Kassel damals verboten war. Die amerikanische Propaganda sprach die Deserteure auch ganz gezielt an: Der

Daten aus der Geschichte

1144 Erste urkundliche Erwähnung

1450 fällt Ziegenhain an Hessen

1537-42 Bau der Wasserfestung Ziegenhain

1761 Schwere Beschädigung der Festung im 7jährigen Krieg

1776 Hessische Soldaten werden nach Amerika verschifft, Erklärung der Menschenrechte, amerikanischer Unabhängigkeitskrieg.
In der Weihnachtsnacht wird das hessische Regiment Rall in Trenton durch die Truppen Washington aufgerieben

1784 Rückkehr der hessischen Soldaten. Schiller: Kabale und Liebe

1807 Schleifen der Festungsmauern Ziegenhains auf Befehl Napoleons

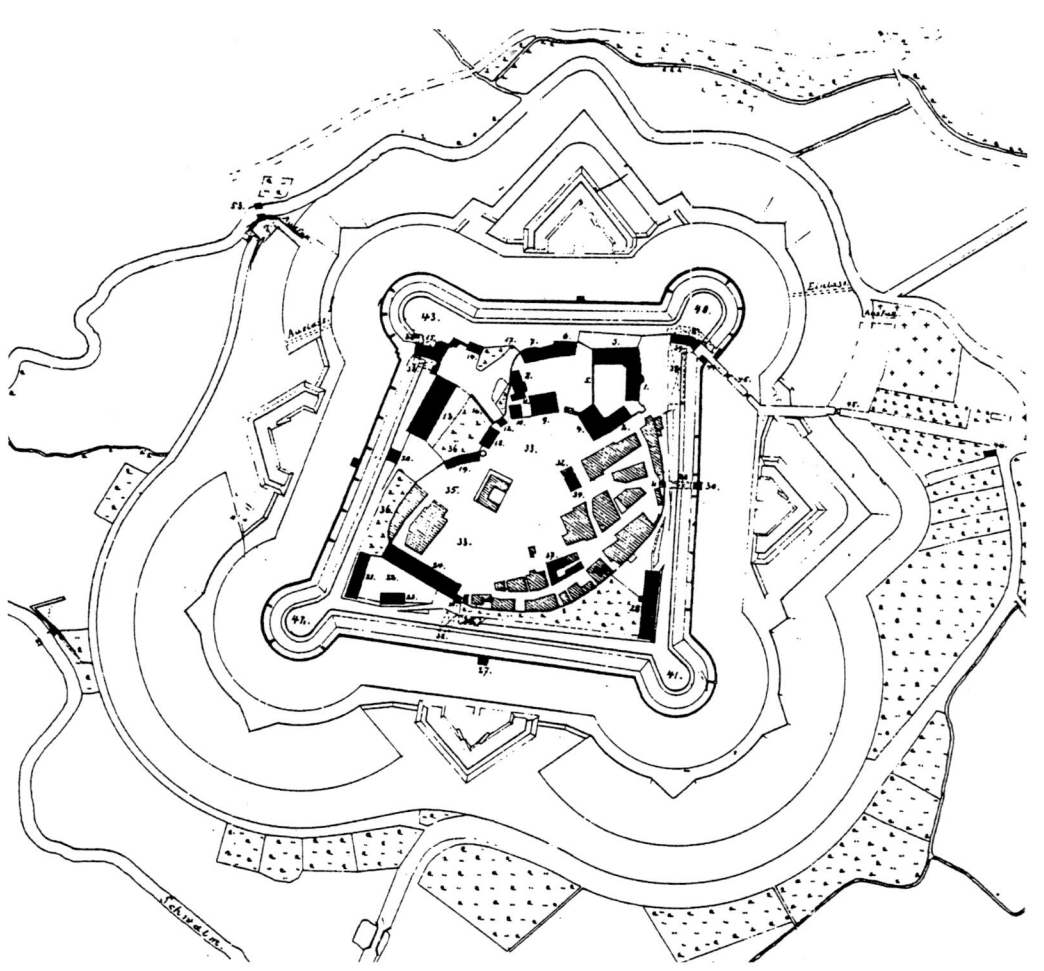

Plan der Festung Ziegenhain

Soldatenhandel — Ziegenhain

Kongreß versprach jedem Überläufer, je nach seinem militärischen Rang, Siedlungsland. Nach jahrelangen Kämpfen und Strapazen, die meisten waren an Krankheiten gestorben, nicht im Kampf getötet worden, kehrten die Überlebenden 1783/84 zurück.

Ziegenhain war ein wichtiger Sammelplatz für die hessischen Soldaten, bevor es weiterging nach Amerika. Die dortige Festung war einst, im 16. Jahrhundert, eine der modernsten Anlagen Deutschlands gewesen, hatte aber durch Beschießung im Siebenjährigen Krieg erheblich gelitten. Heute ist kaum noch etwas von ihr übrig, seit die Truppen Napoleons 1807 Mauern und Tore schleiften. Lediglich der Wassergraben und die Wallanlagen blieben erhalten.

Einer, der eher unfreiwillig die Festung kennenlernte, war der bekannte Schriftsteller Johann Gottfried Seume. Er war gerade auf dem Weg von Leipzig nach Paris, als er den hessischen Soldatenwerbern in die Hände fiel: "Man brachte mich als Halbarrestanten nach der Festung Ziegenhain, wo der Jammergefährten aus allen Gegenden schon viele lagen, um mit dem nächsten Frühjahr, nach Fawcets Besichtigung, nach Amerika zu gehen." Ein Fluchtversuch Seumes und einiger Kameraden scheitert durch Verrat. Die Strafen sind grausam: Zwei werden zum Tode verurteilt, die anderen müssen "Gassenlaufen". Bei dieser Strafe muß der Verurteilte durch eine, von seinen Kameraden gebildete Gasse laufen, währenddessen diese ihm mit Haselruten den nackten Rücken zerschlagen.

Finanziell hatte sich der Menschenhandel für den Landgrafen gelohnt, während die meisten deutschen Staaten total verschuldet waren, konnte der Kasseler Fürst sogar Kredite vergeben. Moralisch allerdings wurde er schon von den Zeitgenossen, vor allem aber von der Nachwelt verurteilt. Es war das Zeitalter der Aufklärung und der Erklärung der Menschenrechte in Amerika. Und gerade gegen diese Amerikaner sollten die Hessen ja kämpfen.

Information

Verkehrsbüro der Schwalm, Tel. 06691/71212

Touristische Tips

Sehenswert in **Schwalmstadt-Ziegenhain** ist der Paradeplatz mit altem Wachhaus, Steinernem Haus und ehemaliger Schloßanlage (heute überwiegend Justizvollzugsanstalt).

Das **Museum der Schwalm**, Paradeplatz 1, zeigt Schwälmer Trachten, Volkskunst etc.

Die ehemalige Stadtherberge - heute Gasthaus - ist **Geburtshaus Carl Bantzers**, einer der bekanntesten Maler der Künstlerkolonie Willingshausen.

Ca. 10 km südlich liegt die **Künstlerkolonie Willingshausen** (siehe Seite 64 f).

Im Stadtteil Treysa ist die **historische Altstadt** mit dem Rathaus von 1649 und der Totenkirche - Ruine einer um 1230 erbauten Basilika - sehenswert.

Im Töpferweg 18 kann eine traditionsreiche **Schwälmer Töpferei** besichtigt werden. Auskunft: Werner Dörrbecker, Tel. 06691/2839.

Auf dem Luftbild läßt sich der Festungscharakter von Ziegenhain noch heute erkennen

18. Jahrhundert 1701 - 1798

Über hundert Jahre Gestaltung - der Bergpark Wilhelmshöhe

Die große Fontäne vor dem Schloß Wilhelmshöhe

Daten aus der Geschichte

1701 Der italienische Architekt Guerniero kommt nach Kassel

1717 Herkulesstatue wird aufgestellt

1719 Daniel Defoe schreibt "Robinson Crusoe"

1774 Goethe: "Die Leiden des jungen Werther"

1779 Lessing: "Nathan der Weise"

1781 "Chinesisches Dorf" am Mulang

1786 Mozart: "Figaros Hochzeit"

1789 Französische Revolution

1793-98 Bau der Löwenburg

19. 8. 1798 Fertigstellung des Schlosses Wilhelmshöhe

Vergleichbares aus der Region

Eine andere große Parkanlage befindet sich am Fuldaufer in Innenstadtnähe: Die Karlsaue mit der Orangerie (1701-11).

Bergpark Wilhelmshöhe mit Herkules

Der Bergpark Wilhelmshöhe stellt eines der eindrucksvollsten Natur-Kunstdenkmäler überhaupt dar. Vom Barock bis zur Romantik reicht die Palette der Stilrichtungen, die hier zu sehen sind.

Die Planungen einer gewaltigen Parkanlage gehen bis in das späte 17. Jahrhundert zurück. 1701 beruft Landgraf Karl den italienischen Architekten Giovanni Francesco Guerniero nach Kassel, dessen Pläne allerdings nur zum Teil verwirklicht wurden. Am 30. November 1717 wird die Kolossalstatue des Herkules des Augsburgers Johann Jakob Anthoni, die im Messinghammer in Bettenhausen getrieben wurde, auf der Pyramide des Oktogons aufgestellt. Damit ist die Anlage der Kaskaden fertig. Die Figur des Herkules, eine Kopie des Herkules Farnese in Neapel, war seit der Renaissance als Symbol der Stärke beim Adel sehr beliebt. Die Skulptur zeigt diesen, sich auf seine Keule stützend, nach dem Sieg über den Giganten Enkelades auf dessen Felsenburg aus Basalttuff. Steht man oben am Oktogon, kann man die Umsetzung der faszinierenden barocken Pläne nachempfinden: Schnurgerade zieht sich die Linie der Kaskaden, die in der Wilhelmshöher Allee ihre Verlängerung finden, bis zur damaligen Residenzstadt. Das Schloß Wilhelmshöhe bestand noch nicht in seiner heutigen Form. Der Vorläuferbau, von dem nichts mehr existiert, war ein Augustinerkloster, das Landgraf Moritz zum Renaissanceschloß Weißenstein umbauen ließ.

Die nach den streng geometrischen Vorstellungen der Barock geplanten Parkanlage wurde unter den Nachfolgern Landgraf Karls nach englischen Vorbildern fortgeführt, das heißt weg vom künstlich wirkenden Garten, hin zu einem natürlich erscheinenden Park. Unter Landgraf Friedrich II. und Wilhelm IX. wurden die nächsten großen Projekte in Angriff genom-

Barock/Romantik — Wilhelmshöhe

men. Der Bereich zwischen Schloß und Habichtswald wurde zu einer Mischung aus Naturpark und idealisierter Landschaft. Nachempfundene Tempel, Wasserfall, Teufelsbrücke, Nachbildungen der Cestius-Pyramide und des Grabmals des Vergil und vieles mehr verdeutlichen die Sehnsucht nach einer romantischen, "arkadischen" Landschaft. Am Mulang wurde 1781 sogar ein pseudo-chinesisches Dörfchen errichtet.

Das wohl bekannteste romantische Bauwerk des Parks Wilhelmshöhe ist die Löwenburg. 1793-1798 schuf Heinrich Christoph Jussow, ein Schüler des Baumeisters Simon Louis du Ry, diese künstliche Ruine inspiriert von Vorbildern der englischen Neugotik. Ein Teil der Ruinenanlage war allerdings bewohnbar. Wilhelm IX. hatte hier einen versteckt liegenden Privatwohnsitz, umgeben von alten Waffen und Rüstungen.

Gleichzeitig wird am 19. August 1798 nach zwölfjähriger Bauzeit der Neubau des Schlosses Wilhelmshöhe fertiggestellt. Die drei Teile: Weißensteinflügel, Kirchenflügel und Mittelbau, waren zunächst nur durch Terrassen miteinander verbunden. Erst in den zwanziger Jahren des 19. Jahrhunderts entstanden die dreigeschossigen Zwischenbauten. Mit der Vollendung von Schloß und Löwenburg war die Anlage im wesentlichen komplett. Einige Jahre später folgten Ballsaal, Gewächshaus, Marstall und Schloßwache.

Im Schloßbau, in dem sich heute Museen befinden, saß übrigens einst ein berühmter Gefangener: Kaiser Napoleon III. von Frankreich, der während des Deutsch-Französischen Krieges 1870-71 bei Sedan gefangengenommen worden war, war in Schloß Wilhelmshöhe "standesgemäß" interniert.

Information

Touristinformation, Bahnhof Wilhelmshöhe, Tel. 0561/34054

Touristische Tips

In unmittelbarer Nähe des Ständehauses bietet das **Stadtmuseum**, Ständeplatz 6, eine Fülle an Informationen zur Kasseler Stadtgeschichte.

Stadtrundfahrten und Führungen unter verschiedenen Themenstellungen werden regelmäßig angeboten, so z.B. „Auf den Spuren der Gebrüder Grimm". Auskunft Touristinformation.

Ein Muß für alle Kassel-Besucher ist das **Schloß Wilhelmshöhe**.

Sehenswert in der **Innenstadt** sind vor allem die Karlsaue - ein englischer Landschaftsgarten - mit der Orangerie, die Neue Galerie, Schöne Aussicht 1, Museum für Malerei und Plastik von 1750 bis zur Gegenwart; das Museum Fridericianum am Friedrichsplatz; das Hessische Landesmuseum, Brüder-Grimm-Platz 5; das Naturkundemuseum im Ottoneum, Steinweg 2; das Brüder-Grimm-Museum im Palais Bellevue, Schöne Aussicht 2.

Sage

Vor-Beerdigung

Vierzehn Tage vor dem Tod des Kurfürsten Wilhelm (1743-1821) sind in Kassel, wie man erzählt, verschiedene Leute auf der Oberneustadt gegen Mitternacht durch Peitschenknall, Pferdegetrappel und Wagengerassel aus dem Schlaf geweckt worden und haben, als sie an die Fenster traten, einen Trauerzug gesehen, der sich aus dem Bellevuehof am Messeplatz vorüber nach dem Wilhelmshöher Tor bewegte. Bei diesem Leichenzug soll alles genau so gewesen sein wie später bei der wirklichen Beerdigung des Kurfürsten. Es heißt auch, sie seien darüber amtlich vernommen worden und hätten ihre Geschichte feierlich bestätigt.

Ansicht von Wilhelmshöhe

Frühes 19. Jahrhundert — um 1810

Schwälmerin von Ludwig Emil Grimm

Von Napoleon zur Verfassung - Nordhessen im frühen 19. Jahrhundert

Als das "Heilige Römische Reich Deutscher Nation" 1805 unter den Schlägen der Truppen Napoleons zusammenbricht, geht auch in Hessen - zunächst - der Absolutismus unter. Kassel wird zur Hauptstadt des neugebildeten Königreiches Westfalen unter Napoleons Bruder Jérôme. Die nun verkündeten umfangreichen Reformen sollen das rückständige Land in einen modernen Staat verwandeln. Aber daraus wird nichts, 1813 bricht Jérômes Reich zusammen, der hessische Kurfürst kehrt zurück. Die Begeisterung der Hessen legt sich bald, denn sie hatten nicht nur gegen die französische Besatzung gekämpft, sondern auch für bürgerliche Rechte, eine Verfassung und den Nationalstaat. Nun aber wurde die Uhr wieder zurückgedreht. Der hessische Kurfürst ließ sein Verfassungsversprechen unerfüllt. Aber der Widerstand gegen die Restauration wuchs und war nicht mehr zum Schweigen zu bringen. Die Auswirkungen der französischen Julirevolution von 1830 machten sich auch in Hessen bemerkbar. Als überall im Land schwere Unruhen ausbrechen, erhält Hessen-Kassel am 5. Januar 1831 endlich eine Verfassung. Sie galt damals als die fortschrittlichste Konstitution in Deutschland. Die Kunst jener Zeit charakterisieren die Stichworte Romantik und Biedermeier. Innerlichkeit und subjektives Empfinden der Romantik machen aber bald, verstärkt durch das Scheitern der 48er Revolution, der behäbigen Beschaulichkeit des Biedermeier Platz.

Daten aus der Geschichte

1106 Ersterwähnung

15. Jahrhundert Renaissanceschloß

1794 - 1865 Gerhard v. Reutern

1810 Philipp Otto Runge, Maler der Romantik, stirbt

1811 Caspar David Friedrich: "Morgen im Riesengebirge"

1816 Gebr. Grimm: "Deutsche Sagen", E.T.A. Hoffmann: "Die Elixiere des Teufels"

1819 Franz Schubert: "Forellen-Quintett"

Ab 1824 häufige Besuche Ludwig Emil Grimms

1826 Eichendorff: "Aus dem Leben eines Taugenichts"

1857 - 1941 Carl Bantzer

Vergleichbares aus der Region

In der Nähe Zierenbergs, auf Gut Escheberg, war ein weiterer Treffpunkt der Romantiker. Neben anderen hielt sich hier auch der Dichter Emanuel Geibel ("Der Mai ist gekommen") auf.

Romantik in Hessen - die Willingshäuser Malerkolonie

Zum Stichwort "Romantik" werden in bezug auf Nordhessen meist die Brüder Grimm genannt. Die Malerei unserer Gegend ist in jener Zeit mit einem kleinen Ort in der Schwalm verbunden, Willingshausen.

Zu Beginn des vorigen Jahrhunderts löst ein neuer Kunststil den Klassizismus ab: Die Romantik. Vor allem in den Bereichen Malerei, Musik und Literatur zeigen sich Veränderungen. Während Rationalismus und Klassizismus der klaren, an der griechischen und römischen Antike angelehnten Form den Vorzug geben, trägt der Romantiker wieder mehr Gefühl. Auf die Stimmung kommt es an. Mittelalterliche Ruinen stehen hoch im Kurs, man sammelt Märchen und Sagen. Das subjektive Empfinden steht im Vordergrund. Die Kunst soll nach den Worten des wohl berühmtesten deutschen romantischen Malers, Caspar David Friedrich, aus der "Stimme des Inneren" entstehen. Der romantische Künstler glaubt an das Gesamtkunstwerk; Musiker malen mit Tönen, Maler legen mit ihren Bildern Seelenbekenntnisse ab und Dichter musizieren mit Versen. Es geht nicht mehr darum, die Welt in der Kunst überschaubar zu machen, sondern zu erfühlen. Eine Art unbestimmter Sehnsucht, ja, ein Mißbehagen in der damaligen "modernen" Welt kennzeichnet die Romantiker. Die hohen Ideale, die "Welt zu erfühlen" verkümmern bald. Bis zur Mitte des vorigen Jahrhunderts, auch bedingt durch die Restauration der

Romantik — Willingshausen

Fürstenherrschaft nach dem Ende Napoleons und das Scheitern der 48er Revolution, löst das Biedermeier mit dem Ideal der beschaulichen Idylle die Romantik ab. Aber auch ein neues Selbstbewußtsein zeichnet sich ab. Die "Normalbürger" bekennen sich zum eigenen Lebensstil und hängen nicht mehr so an den Formen aristokratischer Kultur.

In dieser Spannung zwischen Romantik und Biedermeier steht der Beginn der Willingshäuser Malerkolonie. Der erste Maler, der hier arbeitete, war Gerhard v. Reutern (1794-1865), ein aus Livland stammender ehemaliger russischer Offizier, der in der Völkerschlacht bei Leipzig den rechten Arm verloren hatte. Er studierte Aquarell- und Pastelltechniken. Seine Malereien und Zeichnungen der Schwälmer Landschaft gefielen selbst Goethe. Von einem Aufenthalt an der Düsseldorfer Kunsthochschule brachte er Kollegen und Freunde mit auf das kleine Renaissanceschloß von Willingshausen, die Keimzelle der Künstlerkolonie war gelegt. Ab 1824 suchte der weniger bekannte Bruder der "Gebrüder Grimm", Ludwig Emil Grimm, hier nach Motiven für seine romantischen Bilder. Auch Ubbelohde, der die bekannten Illustrationen zu den Grimm'schen Märchen schuf, arbeitete zeitweise hier. Der wohl bedeutendste Maler, der hier wirkte, war Carl Bantzer (1857-1941). Vor allem seine Darstellungen des Lebens in der Schwalm sind bis heute bekannt. Nicht nur die ländliche Idylle war es, die so anziehend wirkte, sondern besonders das traditionelle Erscheinungsbild der Menschen. Die Schwälmer Tracht, die Bantzer so oft malte, hat sich bis in unsere Tage gehalten. Seine Werke sind zum großen Teil im Marburger Universitätsmuseum zu sehen. Die Willingshäuser Künstlerkolonie besteht noch heute, Profis und Hobbymaler treffen sich wie eh und je in diesem kleinen Ort in der Schwalm.

Information

Gemeindeverwaltung Willingshausen, Tel. 0691/21071

Touristische Tips

Im **Malerstübchen** lebt die Erinnerung an die großen Maler der Malerkolonie Willingshausen weiter. Anmeldung bei der Gemeinde.

Sehenswert ist die **Töpferei Erbehof**, Untergasse 12, Tel. 06697 386. Man kann dem Töpfer bei seiner Arbeit zuschauen.

Das **Museum der Schwalm** in Ziegenhain, Paradeplatz 1, Tel. 06691/3893, lohnt einen Besuch.

In Holzburg, einem Ortsteil von Schrecksbach, etwa 7 km östlich von Willingshausen, befindet sich ein originelles „**Dorfmuseum**", Brunnestraße 11, Tel. 06698/1670, eine Fundgrube für Interessenten des Schwälmer Brauchtums.

Das Malerstübchen in Willingshausen

Frühes 19. Jahrhundert   1831

Kurhessen bekommt eine Verfassung - Kassel 1831

Das Ständehaus, kurz nach seiner Erbauung durch Julius Eugen Ruhl

Noch im Februar 1830 meldet der preußische Gesandte aus Kassel nach Berlin: "Der Kurfürst plündert sein Land und seine Untertanen".
Nach dem Ende der Kriege gegen Napoleon sahen sich viele Menschen in Deutschland getäuscht. Schließlich hatten sie nicht nur gegen die französische Herrschaft gekämpft, sondern auch für Versammlungs- und Pressefreiheit, einen einheitlichen Nationalstaat und eine Verfassung, die Schluß machen sollte mit fürstlicher Willkür. Doch es kommt anders. Die Reformen werden nicht durchgeführt, der hessische Kurfürst regiert weiterhin absolutistisch an den Bürgern vorbei. Doch im Volk brodelt es. Die französische Julirevolution von 1830 hat auch in Hessen Signalwirkung. Der Kurfürst Wilhelm II. war sowieso unbeliebt, besonders nachdem er seine Mätresse Emilie Ortlöpp zur Gräfin von Reichenbach erhoben hatte und seine Frau und der Kurprinz angewidert den Hof verlassen hatten. Im Herbst 1830 wachsen die Unruhen in Kassel. Am 6. September werden die Bäckerläden gestürmt, knapp zwei Wochen später verspricht Wilhelm II. nach stürmischen Demonstrationen eine Verfassung zu gewähren. Ludwig Emil Grimm hat die berühmte Szene festgehalten, wie eine Abordnung unter Führung des Kasseler Bürgermeisters Karl Schomburg dem recht säuerlich dreinblickenden Fürsten am 15. September 1830 die Sturmpetition der Kasseler Bürgerschaft überreicht. Vier Wochen später tritt der Landtag zusammen und der Marburger Staatsrechtler Sylvester Jordan entwickelt sein Konzept einer zeitgemäßen Verfassung. Am 5. Januar 1831

Kasseler Bürger überreichen Kurfürst Wilhelm II. eine Petition

Kurhessische Verfassung — Kassel

Ständehaus in Kassel

Daten aus der Geschichte

1814/15 Wiener Kongreß

1817 Wartburgfest der dt. Burschenschaften, Einheit Deutschlands gefordert

1819 Karlsbader Beschlüsse zur Unterdrückung demokratischer Bewegungen

1830 Julirevolution in Frankreich, schwere Unruhen auch in Hessen-Kassel

15.9.1830 "Sturmpetition" der Kasseler Bürgerschaft

5.1.1831 Kurfürst Wilhelm II. unterschreibt kurhessische Verfassung

1832 Hambacher Fest der süddeutschen Demokraten

1834 Deutscher Zollverein

1834 - 1836 Bau des Ständehauses in Kassel

1848/49 Revolution, Nationalversammlung in der Frankfurter Paulskirche, Scheitern der Reichsverfassung

Information

Touristinformation, Bahnhof Wilhelmshöhe, Tel. 0561/34054

Touristische Tips

In unmittelbarer Nähe des Ständehauses bietet das **Stadtmuseum**, Ständeplatz 6, eine Fülle an Informationen zur Kasseler Stadtgeschichte.

Stadtrundfahrten und Führungen unter verschiedenen Themenstellungen werden regelmäßig angeboten, so z.B. „Auf den Spuren der Gebrüder Grimm". Auskunft Touristinformation.

Ein Muß für alle Kassel-Besucher ist das **Schloß Wilhelmshöhe**.

Sehenswert in der **Innenstadt** sind vor allem die Karlsaue - ein englischer Landschaftsgarten - mit der Orangerie, die Neue Galerie, Schöne Aussicht 1, Museum für Malerei und Plastik von 1750 bis zur Gegenwart; das Museum Fridericianum am Friedrichsplatz; das Hessische Landesmuseum, Brüder-Grimm-Platz 5; das Naturkundemuseum im Ottoneum, Steinweg 2; das Brüder-Grimm-Museum im Palais Bellevue, Schöne Aussicht 2.

ist es soweit: Der Kurfürst unterschreibt die von den Landständen vorgelegte "Kurhessische Verfassungsurkunde". Das war der Ausgangspunkt des kurhessischen Parlamentarismus. Neben dem Stadtmuseum am Ständeplatz kann man noch heute den Amtssitz des Parlamentes, der damaligen Ständeversammlung, sehen: Das 1834-36 von Julius Eugen Ruhl in einer Mischung aus klassizistischen und der italienischen Renaissance entlehnten Stilelementen erbaute Ständehaus.

Damals genoß die kurhessische Verfassung den Ruf, eine der fortschrittlichsten zu sein. Der Landtag war auf eine Kammer beschränkt, Fürsten- und Staatsvermögen wurden getrennt, Gewaltenteilung und Grundrechte eingeführt. Fortan durfte kein Gesetz ohne Parlament erlassen werden, ja, der Landtag konnte sogar selbst initiativ werden. Auch das Budgetrecht und die Pflicht, rechtsbrüchige Minister anzuklagen, standen der Ständeversammlung zu. In jener Zeit sensationell war die Regelung, daß jeder Bürger, auch Militärs und Beamte, einen Eid auf die Verfassung - nicht auf die Person des Fürsten - ablegen mußte.

Dennoch kann man nicht von einer Demokratie reden; das Wahlrecht begünstigte die Wohlhabenden und Adeligen. Es war eher ein Ausbalancieren der Macht von Krone und Parlament und ein Kompromiß, um schwerere Erschütterungen des Staates abzuwenden. So warnte Karl Schomburg vor einem "allgemeinen Krieg der Armen gegen die Vermögenderen", wenn nicht endlich Reformen durchgeführt würden. Aber trotzdem, die Verfassung war ein wichtiger Schritt in der Entwicklung zum modernen Rechtsstaat, was der hessische Kurfürst bald merken sollte. Sein Versuch, einfach am Parlament vorbeizuregieren, scheiterte innerhalb kürzester Zeit. Verärgert machte er seinen 29jährigen Sohn Friedrich Wilhelm zum Mitregenten, zog sich aus der Politik zurück und folgte seiner Mätresse nach Hanau.

2. Hälfte des 19. Jahrhunderts

Nordhessen im Zeitalter der Industrialisierung

Die industrielle Gesellschaft bildete sich in Hessen-Kassel erst recht spät heraus. Die rückständige Wirtschaftspolitik der Kurfürsten verhinderte lange Zeit die Schaffung industrieller Zentren. Bis 1866, dem Jahr der Annexion Hessens durch Preußen, galten hier noch die völlig überholten Zunftgesetze, was unter anderem dazu führte, daß etwa die hessischen Leineweber gegen ausländische Konkurrenz, die Leinen bereits fabrikmäßig produzierte, nicht bestehen konnten. Eine Keimzelle der Industrialisierung bildete sich in Kassel. Dort produzierte die Firma Henschel 1848 die erste Henschel-Lok. Gegen erheblichen Widerstand war es endlich gelungen, auch in Nordhessen eine Eisenbahn zu bauen. Aber die Wirtschaft entwickelte sich dennoch nur sehr zögerlich. Nicht umsonst setzte in der Mitte des vorigen Jahrhunderts die große Auswanderungswelle nach Amerika ein, erhofften sich die Emigranten dort eine Zukunft, die sie zuhause nicht hatten. Erst im letzten Drittel des Jahrhunderts setzt der große Aufschwung ein, wachsen die Städte geradezu explosionsartig. Davon profitiert auch das bislang abseits gelegene Frankenberg. Dort werden seit 1889 Thonet-Möbel industriell hergestellt, denn der Bedarf an preiswerten Gebrauchsmöbeln war enorm.

Lokomotive der Industrialisierung - die Firma Henschel

Daten aus der Geschichte

1776 Georg Christian Carl Henschel kommt nach Kassel

1783 Heißluftballon der Brüder Montgolfier

1807 Robert Fulton gelingt Fahrt mit Dampfschiff

1814 Stephenson baut Lokomotive

1826 Carl Anton Henschel übernimmt die väterliche Fabrik

1835 Erste deutsche Eisenbahn zwischen Nürnberg und Fürth

1836 Neue Fabrikanlagen am Möncheberg

1848 Der "Drache", die erste Henschel-Lok, fertiggestellt

Ab 1870 Aufbau des Henschel-Werkes Kassel-Rothenditmold

Vergleichbares aus der Region

Eine der ältesten Industrieanlagen Hessens, der Messinghof, steht in Kassel-Bettenhausen. Hier wurde, zumindest teilweise, die Kupferfigur des Herkules (siehe S. 62) hergestellt.

Auf dem Gelände der "Henschelei" in Kassel entstand im vorigen Jahrhundert Kassels wichtigster Industriebetrieb, Keimzelle der später größten Lokomotivfabrik Europas.

Der erste "Henschel", Georg Christian Carl kam als Stückgießergeselle 1776 zu Meister Anton Storck nach Kassel. 1780 heiratete er die Tochter seines Meisters und wurde Teilhaber seiner Gießerei. In dem Betrieb wurden Glocken, Kanonen, Feuerspritzen, aber auch Öfen, Pumpen, Schrauben und Muttern hergestellt. Der ältere der beiden Söhne, Carl Anton, übernahm 1826 die väterliche Fabrik. Er galt als eigentlicher Gründer der Henschelwerke. Zahlreiche Erfindungen Carl Anton Henschels begründeten den Aufstieg des Unternehmens. Er entwickelte Turbinen, Pumpen und Gebläse und entwarf auch das "Gießhaus", das heute als Ausstellungs- und Versammlungsort der Gesamthochschule Kassel genutzt wird. Der Betrieb expandierte schnell, schon 1836 begann man mit dem Bau neuer Fabrikanlagen am Möncheberg. In dieser Maschinenfabrik wurden bis in die Mitte des vorigen Jahrhunderts insbesondere Dampfmaschinen hergestellt.

1848 kam der Umschwung: Drei Jahre zuvor hatte Kurprinz Friedrich Wilhelm endlich dem Bau einer Eisenbahnlinie zugestimmt. Zusammen mit dem englischen Ingenieur James Brook entwickelte Henschel die erste Henschellokomotive. Am 29. Juli 1848 wurde der "Drache" fertiggestellt. Der Transport der Lok von der Fabrik bis zum Bahnhof war ein schwieriges Unterfangen: Acht Tage dauerte es, bis der "Drache" endlich auf den

Metallindustrie — Kassel

Schienen stand. Zwölf Pferde zogen das Ungetüm mühsam in Richtung Hauptbahnhof. Pannen blieben nicht aus: Zwei Pferde rissen sich los und stürmten auf den Königsplatz, wo gerade ein Porzellanmarkt stattfand; verletzt wurde niemand, allerdings gab es auch kaum noch eine heile Tasse.

Die insgesamt industriefeindliche Haltung des hessischen Kurfürsten behinderte lange Zeit die wirtschaftliche Entwicklung Hessens. Erst mit dem Einmarsch preußischer Truppen 1866 änderte sich das. Die veralteten Zunftgesetze wurden aufgehoben, die liberale Gewerbeordnung des Norddeutschen Bundes übernommen. Seit den späten sechziger Jahren des 19. Jahrhunderts wandelt sich der Charakter Kassels von dem der Residenzstadt zum Erscheinungsbild eines Industriestandortes. Die Kehrseite dieser Entwicklung zeigt sich in den miserablen Lebensbedingungen der Fabrikarbeiter. Arbeitszeiten von elf Stunden, schlechte Bezahlung und Wohnverhältnisse, mangelhafte soziale Absicherung. In jenen Jahren nahm die deutsche Arbeiterbewegung enormen Aufschwung, der auch durch das Verbot Bismarcks (Sozialistengesetze) nicht gebremst wurde. SPD und Gewerkschaften wuchsen beständig an. Die Kasseler Metallarbeiter schlossen sich 1891 dem Deutschen Metallarbeiterverband (DMV) an. Henschel war eine der wenigen Firmen, die bereits sehr früh, 1854, eine Fabrikkrankenkasse einführten, gefolgt von Invaliden-, Witwen- und Waisenkasse. Nicht zuletzt um qualifizierte Mitarbeiter zu binden, ließ Oscar Henschel "Henschel-Häuser" für Arbeiter und Angestellte errichten. Sophie, seine Frau, übernahm nach dem Tod ihres Mannes die Firma. Auf ihre Initiative gehen die Gründung der Lungenheilanstalt Oberkaufungen und des Rote-Kreuz-Krankenhauses in Kassel zurück. Lokomotiven, Lkw und Rüstungsgüter bildeten fortan die Schwerpunkte der Fabrikation.

Touristische Tips

Siehe Seite 66/67

Sage

Die eiserne Jungfrau

In einem der unteren Gemächer des Zwehrenturms zu Kassel befindet sich der Sage nach ein altes Hinrichtungswerkzeug, die "eiserne Jungfrau" genannt, eine eiserne Frauengestalt von mehr als gewöhnlicher Größe. Der Unglückliche, der von ihr den Tod empfangen soll, muß sie umarmen, sobald er ihr aber nahetritt, wankt der Boden unter seinen Füßen - die Jungfrau tut sich auf und zieht ihn mit unwiderstehlicher Gewalt in sich, kein Rückschritt ist mehr möglich; dann schließt sie sich von selbst wieder und das Opfer, von tausend Messern, die gleichsam die Eingeweide bilden, in kleine Stücke geschnitten, fällt unten durch einen Kanal, der in die Fulda mündet.

Noch um die Mitte des vorigen Jahrhunderts soll ein hessischer Edelmann, einer aus dem Geschlecht der von Riedesel, welcher ein Vertrauter des Erbprinzen Friedrich - des späteren Landgrafen Friedrich II. - war, in den Armen der eisernen Jungfrau umgekommen sein. Kaum hatte nämlich der Vater des Prinzen, Landgraf Wilhelm VII., Kunde von dem Übertritt desselben in die römisch-katholische Kirche erhalten, als er sofort energische Maßnahmen ergriff, um diesen Schritt möglichst folgenlos zu machen; namentlich ließ er die Umgebung des Prinzen streng überwachen. Der Vertraute des Prinzen, jener Edelmann, war plötzlich verschwunden, und niemand hat je von seinem Leben oder Tod etwas erfahren können. Einige Zeit nach seinem Verschwinden fand man in der Fulda, in der Nähe jenes Kanals, einen menschlichen Finger mit einem goldenen Ring, und es verbreitete sich zugleich im Stillen die Sage, der Edelmann wäre durch die eiserne Jungfrau umgekommen. Einige wollten ihn auch zuletzt in der Nähe des Turmes gesehen haben.

Eine Henschellok wird zum Hauptbahnhof transportiert

2. Hälfte des 19. Jahrhunderts

Im Zug der neuen Zeit - der Eisenbahnknotenpunkt Bebra

Der Wasserturm in Bebra ist heute Sitz des Eisenbahnmuseums

Von der Dampflok zum ICE: Im vorigen Jahrhundert entwickelt sich der Schienenverkehr, in Hessen untrennbar verbunden mit einem Ort, der erst 1935 Stadt wurde: Bebra.

Bereits zu Beginn des 19. Jahrhunderts erkannten viele die wirtschaftliche Bedeutung des Eisenbahnbaus. Besonders Carl Anton Henschel, der Schöpfer des Henschel-Lokomotivbaus, setzte sich energisch für den Bau einer hessischen Eisenbahnlinie ein. Aber es gab auch erbitterte Gegner dieses "neumodischen Zeugs", die argumentierten, daß Hessen als Agrarland keine Eisenbahn brauche; außerdem sei die enorme Geschwindigkeit - die Züge fuhren kaum schneller als 30 km/h - eine zu große Gefahr für den menschlichen Körper. Viele Menschen, die ja noch nie eine Lokomotive gesehen hatten, fürchteten sich vor dem "fauchenden Ungetüm" und konnten sich unter einer Eisenbahn nichts vorstellen. Aus Körle wird etwa die Anekdote berichtet, daß ein Bauer, dem gesagt wurde, daß die Trasse dort verlaufen werde, wo jetzt noch seine Scheune stünde, völlig entgeistert antwortete: "Ich habe doch keine Zeit, den ganzen Tag hier zu stehen, um das Scheunentor auf und zu zumachen, wenn so ein Feuerroß da durch will." Nach mehreren vergeblichen Anläufen in den 30er Jahren war es dann am 1. Juli 1845 soweit: Mit dem feierlichen ersten Spatenstich bei Guxhagen begann der Bau der "Kurfürst-Friedrich-Wilhelm-Nordbahn". Das Drängen fortschrittsbegeisterter Kreise des Bürgertums, die endlich moderne Verkehrswege und günstigere Anbindungen an die Nachbarstaaten haben wollten, hatte Erfolg. Der wohl bekannteste Verfechter der Eisenbahn war der Ökonom Friedrich List, der jahrzehntelang versuchte, die Wirtschaft in Deutschland von den Fesseln der Kleinstaaterei zu befreien.

Damit schlug Bebras große Stunde, das jahrhundertelang im Schatten Rotenburgs gestanden hatte. Bebra erhielt zwar zunächst nur einen

Daten aus der Geschichte

Um 769 Erste urkundliche Erwähnung

1. 7. 1845 Baubeginn der "Kurfürst-Friedrich-Wilhelm-Nordbahn" bei Guxhagen

15.10.1848 Bahnbetrieb Guxhagen-Bebra, Bebra Haltepunkt

1866 Preußisch-österreichischer Krieg, Preußen annektiert Kurhessen

1867 Übernahme der hessischen Bahn durch Preußen

1870/71 Deutsch-französischer Krieg, Gründung des deutschen Reiches

1873/75 Bebra wird Eisenbahnknotenpunkt

1935 Bebra wird Stadt

1953 Bebra als Übergangsbahnhof für Reisen in die DDR

Vergleichbares aus der Region

Mit dem Museumszug "Hessencourier" kann man in historischen Eisenbahnwagen von Kassel nach Naumburg fahren.

Bebras Bahnhof zur Blütezeit der Eisenbahn

Eisenbahn — Bebra

Dampfloks bestimmten lange das Bild des Schienenverkehrs

Information
Fremdenverkehrsamt Bebra, Rathausmarkt 1

Touristische Tips

Ein Veteran der Dampflokzeit, eine **Schnellzuglokomotive**, die rund 4 Mio. Kilometer in 30 Jahren zurückgelegt hat, kann in der Nähe des Bahnhofs besichtigt werden.

Im Wasserturm unterhalten die Eisenbahnfreunde Bebra ein **Eisenbahnmuseum**, Tel. 06623/3739.

Der Stadtteil Weiterode ist Heimathafen für das „Fuldaböckchen", ein **Floß** mit 50 Plätzen, das von April bis Oktober zwischen Bebra und Rotenburg verkehrt. Information und Buchung beim Fremdenverkehrsamt Bebra.

Der Nachbarort **Rotenburg a. d. Fulda** mit historischer Fachwerkaltstadt, Landgrafenschloß und reizvoller landschaftlicher Lage lohnt einen Abstecher.

Haltepunkt an der neuen Ost-West Verbindung, aber bald folgte eine Lokomotivstation. Die damals recht kleinen Loks waren kaum in der Lage, große Steigungen ohne Hilfe zu meistern. Um etwa die Steigung des Hönebacher Passes zu überwinden, benötigte man - ähnlich wie der Vorspann von Pferdefuhrwerken - zusätzliche Lokomotiven zum Ziehen oder Schieben; und die standen in Bebra. Damit war die Keimzelle der späteren Bahnbetriebsanlagen gelegt. Zu einem der bedeutendsten Eisenbahnknotenpunkte entwickelte sich der Ort in den 70er Jahren des vorigen Jahrhunderts, als die zweite Bergstrecke nach Göttingen fertiggestellt wurde. Bereits 1866 war der Zugverkehr nach Hersfeld eröffnet worden, zwei Jahre später die Verbindung nach Hanau. Der Aufschwung Bebras machte sich auch in der Entwicklung der Einwohnerzahlen bemerkbar. Von 1287 im Jahre 1840 stieg sie bis zum Ende des Jahrhunderts auf über 3000. Bahnarbeiter und Beamte prägten nun das Bild des Ortes. Um 1880 beginnt eine weitere stürmische Ausbauphase der Eisenbahnanlagen, als die Güterabfertigung fertiggestellt wird. Wenige Jahre später sind bereits vier Lokschuppen in Betrieb. Bebra ist damals nicht nur ein bekannter Umsteigebahnhof im Personenverkehr - auf dem Mittelbahnsteig wurde 1888 ein repräsentatives Empfangsgebäude errichtet, sondern auch "der Rangierbahnhof" für Güter aller Art.

Auch in unserem Jahrhundert geriet der Ort nochmals ins Gespräch: 1953 wird Bebra Übergangsbahnhof für Züge in Richtung der damaligen DDR. Rund zehn Jahre später verschwinden die letzten Dampfwolken, der Bahnhof wird elektrifiziert.

2. Hälfte des 19. Jahrhunderts

Wolle und Leinen - Weberei in Melsungen

Daten aus der Geschichte

Um 800 Erste Erwähnung einer Siedlung

1267 Stadtrechte

1559 Zunftbrief der Melsunger Wollweber

1571 Zunft der Leineweber

1595/96 Bau der "Bartenwetzer-Brücke"

18. Jahrhundert Blüte der Leineweberei

1844 Aufstand der Weber in Schlesien, in Melsungen sind mehrere Tuchfabriken in Betrieb

1866 Aufhebung der Zünfte in Hessen

1884 Salzmann nimmt in Melsungen die Produktion auf

Sage

Die Bartenwetzer
Die jungen Burschen von Melsungen hatten einst den Müßiggang lieber gewonnen als das Arbeiten, und wenn sie nach dem Walde geschickt wurden, um Holz zu fällen, kam ihnen das gar sauer an. Sie behaupteten, die Äxte seien nicht scharf genug, man müsse sie erst wetzen. Auf der Brücke angekommen, welche über die Fulda nach dem Walde führt, setzten sie sich erst hin, oft zehn oder zwölf beisammen, und plauderten von diesem oder jenem, damit nur die Zeit dahinginge. Und wenn die Vorübergehenden fragten: "Was macht ihr denn hier?", antworteten sie: "Wir wetzen unsere Barten." Darum wurden die Melsunger die Bartenwetzer genannt.

Das Wolle- und Leineweberhandwerk hatte in Hessen eine jahrhundertealte Tradition. Vor der Entdeckung Amerikas und dem Aufkommen der Baumwollverarbeitung wurde Kleidung aus Wolle und Leinen hergestellt. Die Gewinnung des Flachses, dem "Grundstoff" des Leinens, war ein mühsames Geschäft. War der Flachs gerupft, wurde er durch einen eisernen Kamm, den "Reffkamm", gezogen, wobei die Fruchtstände absprangen. Die Leinsamen konnten dann zu Öl weiterverarbeitet werden. Der Flachs kam nun in die "Röste", wo er unter Wasser gedrückt faulte und anschließend getrocknet wurde. Im Herbst wurden die Pflanzen dann so weit bearbeitet, bis endlich die langen Leinenfasern übrigblieben, die zu Fäden gesponnen, verwebt, gebleicht und endlich als Leinentuche verkauft wurden. Die Leineweberei, die meist in Heimarbeit betrieben wurde, galt als typische "Arme-Leute-Zunft". Der Spottvers:"Die Leineweber nehmen keinen Lehrjungen an, der nicht sechs Wochen hungern kann" spielt darauf an. Zur Zeit der Blüte dieses für Hessen so typischen Handwerks im 18. Jahrhundert, wurden Garne und Schockleinwand über Bremen bis nach England, Spanien und Amerika geliefert. Das Ende kam im letzten Jahrhundert mit dem Import von Baumwolle und den Manufakturen. Die veralteten Zunftgesetze in Hessen verhinderten die Modernisierung der Betriebe, vor allem schlesisches und englisches Leinen, das wesentlich billiger in Fabriken hergestellt wurde, verdrängten die kleinen Handwerksbetriebe. Erst 1866, nach dem Einmarsch preußischer Truppen in Hessen, wurden die Zünfte aufgehoben.

Im ehemaligen Gasthaus "Zur Haspel" hatten die Melsunger Leineweber ihre Zusammenkünfte. Diese, seit 1571 bestehende Zunft zählte noch 1753 80 Mitglieder. Im frühen 19. Jahrhundert brachen dann wichtige Absatzmärkte weg; als die Zunft aufgehoben wurde, hörte auch die Leineweberei in Melsungen gänzlich auf.

Die Entwicklung der Wollweberei verlief etwas günstiger. Im 18. Jahrhundert stand sie zwar hinter der Leineweberei zurück, konnte aber im letzten Jahrhundert expandieren. Im Zunftbrief von 1559 verpflichteten sich die Wolltuchmacher, auf gute Qualität ihrer Waren zu achten und die Walkmühle in Ordnung zu halten - um 1720 wurde sie allerdings von einem Hochwasser weggespült. Die Aufnahmegebühr in die Zunft betrug sechs Goldgulden, ein Viertel davon erhielt die Stadt. Diese Gilde konnte auch durchsetzen, daß die Melsunger Schneider nur im Ort produzierte Tuche verarbeiten durften. Lediglich auf den freien Jahrmärkten durften auch Tuche von auswärts gekauft werden. Schon 1783 fertigten die Melsunger einen Teil des Uniformtuches für die hessischen Soldaten. In den 20er und 30er Jahren des vorigen Jahrhunderts entstanden in Melsungen mehrere Tuchfabriken, unter anderem die Firma Eysel & Gleim, in der bereits eine Dampfmaschine eingesetzt wurde. Um 1880 waren fünfzig Hand- und dreißig mechanische Webstühle in Betrieb. Vier Jahre später kamen weitere siebzig dazu, als die Firma Salzmann die Produktion aufnahm. An die "zünftige" Vergangenheit der Wollweberei erinnert noch die Fahne der

Weberei — Melsungen

Fachwerkrathaus in Melsungen

Information

Verkehrsamt Melsungen, 05661/78109

Touristische Tips

Eines der berühmtesten Fachwerkrathäuser Deutschlands steht in Melsungen, in der Mitte des Marktplatzes. Vom Rathaus ausgehend empfiehlt sich ein Rundgang durch die **malerische Altstadt** mit über 600 Fachwerkhäusern. Besonders markante Gebäude und Plätze sind durch Bronzetafeln gekennzeichnet.

Sehenswert sind auf jeden Fall auch die **Bartenwetzerbrücke** - eine Steinbogenbrücke von 1595 - und das **Renaissanceschloß**.

Das **Heimatmuseum** an der Bartenwetzerbrücke stellt u.a. Sammlungen zur Stadtgeschichte und über Fachwerk aus.

Hoch über Melsungens Nachbarort **Felsberg** steht auf 300 m hohem Basaltkegel die Ruine der Burg Felsburg.

Wollentuchmacherzunft von 1820. Tuche aus Melsungen sind mehrfach preisgekrönt worden, noch 1945 gab es hier eine Tuchfabrik, eine Schwertuchweberei, eine Wollgarnspinnerei und einige Handwebereien. Schaut man so in die Geschichte zurück, müßte die "Bartenwetzerstadt" Melsungen eigentlich "Tuchmacherstadt" genannt werden.

2. Hälfte des 19. Jahrhunderts

1889

Der "Stuhl der Stühle" leitet das Industriezeitalter in Frankenberg ein

Daten aus der Geschichte

8. Jahrhundert Bau einer fränkischen Festung

1233/34 Bau der Burg und Altstadt

1294 Stadtrecht

1509 Bau des zehntürmigen Rathauses, Bergbau, Weberei und Handel

1830 Michael Thonet stellt Bugholzmöbel her

1873 Wirtschaftskrise beendet die "Gründerjahre" in Deutschland

1881 Erste elektrische Straßenbahn in Berlin

1889 Errichtung einer Thonet-Möbelfabrik in Frankenberg.
Pariser Weltausstellung: Eiffelturm

1890 Ende des "Sozialistengesetzes" (seit 1878)

Jeder kennt ihn, jeder hat schon einmal darauf gesessen, auf dem typischen Kaffeehausstuhl. Seit über hundert Jahren wird er in Frankenberg produziert.

Mit dem Beginn der Industrialisierung Deutschlands im 19. Jahrhundert wandelt sich auch das Erscheinungsbild Nordhessens. Einige Regionen, die schnell Anschluß an die neue wirtschaftliche Entwicklung finden, wachsen schnell zu regelrechten Ballungsräumen heran, wie etwa Kassel oder auch - allerdings in geringerem Umfang - Eschwege. Andere Gebiete, die den Zug der Zeit verpassen, verlieren ihre frühere Bedeutung. Ein solcher Fall war Frankenberg, heute noch wegen seines spätmittelalterlichen, zehntürmigen Rathauses berühmt. Einst eine an wichtigen Verkehrswegen gelegene blühende Handelsstadt, in deren Nähe auch nach Kupfer, Blei, Erz, Gold und Silber gegraben wurde, verfiel der Ort seit dem Mittelalter in eine Art Dornröschenschlaf.

Erst gegen Ende des vorigen Jahrhunderts konnte Frankenberg wieder Anschluß an die wirtschaftliche Entwicklung finden. Das hing mit einem Alltagsgegenstand, einem Stuhl, zusammen. Der wirtschaftliche Aufschwung in Deutschland, das enorme Wachstum der Städte, ließ die

Stuhlproduktion bei Thonet

Möbelindustrie — Frankenberg

Das zehntürmige Rathaus in Frankenberg

Der bisher ca. 50-millionenfach gefertigte Stuhl Nr. 14

Nachfrage nach preiswerten Möbeln drastisch anwachsen. Mit der bisher üblichen handwerklichen Fertigung ließ sich das nicht bewerkstelligen. Michael Thonet, ein Tischler aus Boppard, war der erste, der Möbel in Serienproduktion fertigte. Seit 1830 arbeitete er an Verfahren, Möbel aus gebogenem Buchenholz herzustellen. Seine Bugholzstühle haben schnell Erfolg. In Wien werden Kaffeehäuser mit seinen Stühlen eingerichtet, Thonet wird mit Ausstellungspreisen überhäuft. Sein Konzept geht auf: Dank rationeller Organisation werden, als er 1862 stirbt, in sechs Werken täglich über 200 Stühle gebaut. Die siebte Fabrik, der heutige Stammsitz, wird 1889 in Frankenberg gegründet. Die Voraussetzungen waren günstig: Der Eisenbahnanschluß war bereits in Bau, große Buchenwälder machten einen weiten Transport des Rohstoffs unnötig und Arbeitskräfte gab es in der armen Gegend auch mehr als genug. Am 2. Februar 1890 wird in der Möbelfabrik das elektrische Licht in Betrieb genommen - damals eine aufregende Sache, über die auch das Frankenberger Kreisblatt einen Tag später berichtete, denn im Ort selbst gab es noch keine Elektrizitätsversorgung. Das Werk expandierte schnell, Arbeiterwohnungen wurden gebaut und Facharbeiterinnen aus Mähren, vom dortigen Werk der Brüder Thonet, hergeholt, um die einheimischen Arbeiterinnen anzulernen.

Bis heute sind die Möbel Thonets Klassiker des modernen Designs, seien es nun Schaukel- oder Klappstühle, Liegen oder - seit 1929/30 - Stahlrohrmöbel. Am bekanntesten bleibt aber nach wie vor der sogenannte "Stuhl Nr. 14", eben der typische Wiener Caféhausstuhl. Der spielte sogar einmal eine historische Rolle: Auf diesen Sitzgelegenheiten beschlossen am 9. November 1918 die Unterhändler der kriegführenden Mächte den Waffenstillstand von Compiégne, das Ende des I. Weltkrieges.

Wer sich für die Klassiker des Möbeldesigns interessiert, der sollte es nicht versäumen, bei einem Besuch Frankenbergs auch einen Abstecher ins Museum Thonet (es ist allerdings am Wochenende nicht geöffnet) zu machen.

Vergleichbares aus der Region

Seit 1921 produziert die Firma Mauser in Waldeck Stahlmöbel vor allem für Büroeinrichtungen. Manche ihrer Produkte, etwa der Mauser-Schreibtisch, sind zu Klassikern geworden.

Information

Gebrüder Thonet, Michael Thonet-Str.1, 35066 Frankenberg, Tel. 06451/5080

Touristische Tips

Die **Altstadt** Frankenbergs ist einen Rundgang wert. Besonders sehenswert sind das zehntürmige Rathaus mit Schnitzfiguren von Philipp Soldan und einer mittelalterlichen Rathaushalle, in der heute wieder Wochenmärkte stattfinden. Die schönsten Fachwerkhäuser stehen rund um das Rathaus, am Ober- und Untermarkt.

Im **Kloster St. Georgsberg** zeigt das Heimatmuseum historische Kostbarkeiten aus dem Frankenberger Land

Jahrhundertwende - 1. Weltkrieg 1906

Der "Fürstenhof" in Bad Wildungen

Das Ende eines Zeitalters - die Jahrhundertwende

Das Wilhelminische Zeitalter, vom Ende des 19. Jahrhunderts bis zum I. Weltkrieg, war durch tiefgreifende Widersprüche geprägt. Die wirtschaftliche Macht Deutschlands war außerordentlich angewachsen, protzig wurde der neue Reichtum zur Schau gestellt. In der Architektur der Kurbäder läßt sich diese pompöse Selbstdarstellung nachvollziehen. Andererseits war die Gesellschaft selbst noch in einem vormodernen Stadium. Die Demokratie in Deutschland steckte noch in den Kinderschuhen, außenpolitisches Machtgehabe und militärische Muskelspielereien anstelle vernünftiger Politik. Jene Fin-de-siècle-Stimmung, das Gefühl, am Ende einer Epoche zu stehen, ohne zu wissen, was folgen soll, charakterisiert die Situation jener Jahre, die in die Katastrophe des I. Weltkrieges mündet. Um die Jahrhunderwende entsteht neben der aufstrebenden Arbeiterbewegung eine Gegenbewegung, die abseits der Politik neue Lebensformen sucht: Der Wandervogel. "Zurück zur Natur" ist das Motto der Jugendbewegung, die den Zwängen des städtischen Lebens den Rücken kehrt. Romantisierende Zivilisationskritik und technische Großprojekte sind zwei Gegenpole jener Jahre. Symbol des technischen Fortschritts war damals die Elektrifizierung, in Nordhessen verbunden mit dem Bau der Edertalsperre, der damals größten Anlage dieser Art in Deutschland.

An der Wiege der Urologie - Bad Wildungen

Das 19. Jahrhundert war die große Zeit der Kurbäder. Zu den bekanntesten gehörte Bad Wildungen. Mit dem wirtschaftlichen und politischen Aufstieg des deutschen Kaiserreiches gegen Ende des vorigen Jahrhunderts stieg auch das Selbstbewußtsein des Bürgertums - bis hin zur Überheblichkeit. Sehr deutlich wird dies in der Architektur jener Zeit: Man zeigt nicht nur, was man hat, man protzt regelrecht damit. Das Kurhaus Fürstenhof, entstanden kurz vor dem I. Weltkrieg, ist ein gutes Beispiel dafür. In diesem schloßartigen Komplex dokumentiert sich der Zeitgeist der Ära Wilhelms II. Das Gefühl für eine nüchterne Ausgewogenheit des Stils schien verloren, beflügelt von enormen technischen Fortschritten und den Erfolgen einer imperialistischen Außenpolitik handelte man nach dem Motto: Je pompöser, desto besser.

Kurbäder gab es zwar schon seit Jahrhunderten, die Römer hatten den Wert solcher Anlagen sogar schon in der Antike erkannt, aber in Hessen wurde es erst jetzt üblich, daß der "normale" gutsituierte Bürger zur Kur ging.

Der Aufschwung der Kurbäder ging einher mit stürmischen Entwicklungen der medizinischen Forschung. Besonderen Anteil am Fortschritt der Urologie hatten Bad Wildunger Ärzte. Dr. Wolrad Marc etwa konnte 1910 auf 900 erfolgreiche Blasensteinzertrümmerungen zurückblicken. Sein Ruf drang bis zum Zaren und dem türkischen Sultan. Auch neue medizinische Geräte wurden hier entwickelt, wie die sogenannte "Zeiss'sche Schlinge", eine Art Katheter, mit dem sich auch hoch sitzende Harnleitersteine entfernen lassen. Bad Wildungen war "in", ein Hauch von Ex-

Daten aus der Geschichte

Um 800 Erste Besiedelung

1242 Gründung Niederwildungen

1403 Wildunger Altarbild des Konrad von Soest, älteste bekannte Darstellung einer Brille

1495 Bestätigung der Heilkraft des Wildunger Wassers durch Kaiser Maximilian

1856 Gründung der "Wildunger Mineralquellen AG"

1899 Aspirin, Beginn der Verwendung synthetischer Heilmittel

1905 Nobelpreis an Robert Koch, Tuberkuloseforschung

1906 "Bad" Wildungen

Vergleichbares aus der Region

Zu bekannten Heilbädern entwickelten sich auch Bad Karlshafen (S.48 f) und Bad Sooden-Allendorf (S. 38 f).

klusivität wehte durch den kleinen Ort. Emil Jannings, der berühmte Schauspieler, leitete 1911 bis 1914 das Wildunger Kurtheater. Gekrönte Häupter, Politiker, Dichter, überhaupt Prominente aller Art trafen sich in Wildungen, das seit 1906 den Titel "Bad" trägt. So etwa Troja-Entdecker Schliemann, Gerhart Hauptmann, Reichsaußenminister Stresemann, die holländische Königsfamilie und viele andere.

Begonnen hatte das alles schon viel früher. 1495 war die Heilkraft des Wildunger Wassers sogar von Kaiser Maximilian bestätigt worden. Viele Einwohner waren davon gar nicht so begeistert, denn das Mineralwasser war zum Kochen schlecht geeignet. Zufrieden hingegen zeigten sich die hiesigen Bierbrauer. Im 17. Jahrhundert pries ein Arzt aus Clausthal - nicht das Wildunger Heilwasser - sondern die "wunderbare Tugend" des hier gebrauten Bieres.

Zu Beginn des vorigen Jahrhunderts entsteht das erste Badehotel und ein Badehaus mit hölzernen Wannen für gewöhnliche Sterbliche und einem Marmorbad für die erlauchteren Gäste. Die Sache gerät aber erst 1856 richtig in Schwung, als die "Wildunger Mineralquellen AG" den Badebetrieb übernimmt. Der Kurpark wird angelegt, eine Spielbank eröffnet (allerdings 1872 wieder geschlossen), der Versand von Mineralwasserflaschen verdoppelt sich. Zwischen 1855 und 1864 steigt die Zahl der Kurgäste von jährlich 15 auf 950. Weitere Quellen werden erschlossen. Als 1929 der 80jährige Badearzt Carl Rörig seine Quellen an die Aktiengesellschaft verkauft, exportiert diese bereits eine Million Sprudelflaschen.

Übrigens machte nicht nur der Badebetrieb Wildungen bekannt: In der Stadtkirche findet sich auf dem Altarbild des Konrad von Soest aus dem Jahr 1403 die älteste bekannte Darstellung einer Brille!

Information

Kurverwaltung Bad Wildungen,
Tel. 05621/704113

Touristische Tips

Im **Kurmuseum**, Brunnenstr. 1, kann man sich über die Geschichte der Kur und die Entwicklung der Badestadt Wildungen informieren.

Abseits des gründerzeitlichen Kurviertels liegt die sehenswerte von Fachwerk geprägte **Altstadt** von Bad Wildungen.

In der Stadtkirche sollte man sich eines der bedeutendsten Werke deutsche Tafelmalerei, den **gotischen Flügelaltar** von Conrad von Soest ansehen.

Auf einem Dolomitfelsen über Bad Wildungen thront **Schloß Friedrichstein**. Es beherbergt ein Jagd- und Waffenmuseum.

Im Stadtteil Bergfreiheit informiert ein **Besucherbergwerk** und ein historisches Bergamt über den Bergbau im Kellerwald. Tel. 05626/1660. Ebenfalls in Bergfreiheit kann man einem **Edelsteinschleifer** bei der Arbeit zusehen (Tel. 05626/343).

"Kurschattenbrunnen" auf der Brunnenallee

1900 - 1. Weltkrieg — 1913

Die deutsche Jugendbewegung auf dem Hohen Meißner 1913

Daten aus der Geschichte

1901 Gründung der ersten Wandervogelgruppe durch Karl Fischer in Berlin. Große Jugendstil-Ausstellung in Darmstadt. Thomas Mann: "Buddenbrooks"

1909 H. Breuer: "Der Zupfgeigenhansel" (Liederbuch d. Wandervögel)

1910 Paul Geheeb eröffnet die Odenwaldschule (Reformpädagogik)

11./12. 10. 1913 "Freideutscher Jugendtag" auf dem Meißner

1920 Ankauf und Wiederaufbau der Burgruine Ludwigstein durch Wandervögel

Jugendliche beim ersten „Freideutschen Jugendtag" auf dem Hohen Meißner

Um die Jahrhundertwende bildet sich in Deutschland eine eigenständige Jugendkultur: Der Wandervogel. Als eine Art von Protestbewegung gründet Karl Fischer 1901 in Berlin die erste Wandervogelgruppe. Vor allem in den Großstädten folgen viele Jugendliche, besonders Gymnasiasten und Studenten dieser Idee. Die Wandervögel - zunächst sind es nur Jungen - lehnen die Welt ihrer Eltern, deren Ziele und Wertvorstellungen ab. Sie wenden sich gegen die als materialistisch und oberflächlich erscheinende bürgerliche Gesellschaft. In romantischer Verklärung suchen sie das Gemeinschafts- und Naturerlebnis als Gegenpol zum grauen Alltag der Städte. Im damaligen wilhelminischen Deutschland verstehen sie sich als kulturkritische Gegenbewegung. Zumindest am Wochenende versuchen sie, den Zwängen und engen Moralvorstellungen der Eltern zu entkommen: Die Wandervögel gehen auf Fahrt. Es fällt außerordentlich schwer, diese Jugendbewegung auf einen Nenner zu bringen, zu unterschiedlich sind Ziele und Vorstellungen der beteiligten Gruppen, die sich zudem unaufhörlich weiter spalten und zerstreiten. Gemeinsam ist ihnen jedoch der Wille, alternative Lebensformen zu entwickeln, unabhängig von Staat und Gesellschaft; mit der Arbeiterjugend wollen sie möglichst wenig zu tun haben, die sind ihnen zu "politisch". Nach dem I. Weltkrieg

Jugendbewegung — Hoher Meißner

Blick über die Werra auf Burg Ludwigstein

Sage

Die Kitzkammer

Besonders nahm sich Frau Holle der armen Mädchen an, die von ihren Verlobten treulos verlassen wurden. Viele darunter waren eitel und putzsüchtig. Jede wollte die schönste sein, und es gab viel Neid und Streit unter ihnen. Als Frau Holle eines Tages nach Hause kam, war der größte Lärm daheim. Da wurde sie zornig, schüttelte ihre Zauberglocke und sogleich waren die Mädchen in Katzen verwandelt. Die wurden in eine felsige Höhle auf der Abendseite des Berges verbannt. Die Höhle heißt jetzt noch die Kitzkammer. Von da aus mußten sich die Katzen über den ganzen Berg verteilen und der Frau Holle dienen. Den guten Wanderern mußten sie den Weg weisen, die bösen aber in die Irre führen.

Information

Burg Ludwigstein, Tel. 05542/1812, Archiv der Burg Ludwigstein

Touristische Tips

Die **Burg Ludwigstein** gehört zum Witzenhäuser Stadtteil Wendershausen. Sie ist heute Jugendherberge und Sitz des Archivs der deutschen Jugendbewegung.

Auf der anderen Werraseite, bei Rimbach, steht die **Burg Hanstein**.

Der 754 m **Hohe Meißner**, auf dem der erste „Freideutsche Jugendtag" stattfand, liegt zwischen Hessisch-Lichtenau und Eschwege und bietet vielfältige Wander- und Wintersportmöglichkeiten.

Ganz in der Nähe des Hohen Meißners, in Abterode, bietet ein **Besucherbergwerk** die Möglichkeit in die Unterwelt abzusteigen, Tel. 05657/7233.

---

entwickelt die bündische Jugend neue Vorstellungen, die "Jugendbewegten" der 20er Jahre ähneln immer mehr dem Bild der Pfadfinder, mit denen sie auch mehr oder weniger enge Kontakte knüpfen. Ihr Traum von Selbständigkeit verfliegt, als sie während der NS-Zeit in die Hitlerjugend integriert werden, freie Jugendgruppen werden verboten.

Am 11. und 12. Oktober 1913 versammelten sich über 2000 Jugendliche auf dem Hohen Meißner zum ersten "Freideutschen Jugendtag". Das Datum war nicht willkürlich gewählt: Zur selben Zeit rüstete sich das offizielle Deutschland für die 100-Jahr-Feier der Völkerschlacht bei Leipzig. Das Treffen in Nordhessen war als Gegenveranstaltung jener patriotischen Selbstbeweihräucherung gedacht. Hier wurde auch bei regnerischem Wetter jene berühmte "Meißnerformel" der Jugendbewegung verabschiedet: "Die Freideutsche Jugend will nach eigener Bestimmung, vor eigener Verantwortung, in innerer Wahrhaftigkeit ihr Leben gestalten. Für diese innere Freiheit tritt sie unter allen Umständen geschlossen ein. Alle Veranstaltungen der Freideutschen Jugend sind alkohol- und nikotinfrei." Vor allem der letzte Satz richtete sich gegen das damals in Studentenverbindungen weit verbreitete "Kampftrinken". Der Zusammenschluß der Freideutschen Jugend von 1913, an dem einer der Väter der Reformpädagogik, Gustav Wyneken, großen Anteil hatte, hielt nicht lange. Die Differenzen zwischen den einzelnen Gruppen waren zu groß. Vorbereitet wurde das Fest auf dem Hohen Meißner, das von der damaligen Presse äußerst mißtrauisch beäugt wurde, übrigens entsprechend den romantischen Vorstellungen der Wandervögel auf einer Burgruine, dem Hanstein. In Blickweite befindet sich heute auf Burg Ludwigstein das Archiv der deutschen Jugendbewegung. Diese Burgruine an der Werra bei Witzenhausen war 1920 von aus dem I. Weltkrieg heimgekehrten Wandervögeln gekauft und wiederaufgebaut worden. Seitdem gilt sie als Zentrum der bündischen Jugend. Mehrfach erweitert, wird das Gebäude heutzutage auch als Jugendherberge und Jugendbildungsstätte genutzt.

1900 - 1. Weltkrieg — 1914

Der Verkehr fließt, der Strom auch -
Der Bau der Edertalsperre

Daten aus der Geschichte

1786 Galvani entdeckt strömende Elektrizität

1882 Edison baut in New York erstes Elektrizitätswerk

1891 Hochvolt-Leitung Oskar von Millers, Stromleitung über 178 km, Drehstrom löst Gleichstrom ab

1908 Baubeginn Edertalsperre

1.8.1914 Beginn des I. Weltkrieges (bis 1918)

15.8.1914 Edertalsperre geht in Betrieb

1915/16 Bau des Kraftwerkes Hemfurth I

17. 5. 1943 Zerstörung der Edertalsperre im II. Weltkrieg

Vergleichbares aus der Region

Im selben Zeitraum (1912-1923) wurde auch die Diemeltalsperre erbaut.

Durch den Bau der Edertalsperre vor 90 Jahren veränderte eine ganze Landschaft ihr Gesicht und wurde zu einer der heute beliebtesten Ferienregionen Nordhessens.

1905, als die ersten Pläne entstanden, ging es vornehmlich um die Binnenschiffahrt. Durch das hier aufgestaute Wasser sollte der Wasserstand von Weser und Mittellandkanal reguliert werden. Die Stromerzeugung war zunächst eher zweitrangig. Dabei wurde um die Jahrhundertwende das Zeitalter der Elektrizität eingeläutet. Zwar hatte schon 1786 Galvani die strömende Elektrizität entdeckt, aber erst das vorige Jahrhundert brachte stürmische Fortschritte der Elektrotechnik. Seit der Verbreitung der Dampfmaschine hatte die Industrialisierung das Leben der Menschen verändert. Nun entwickelte Werner von Siemens einen der ersten Stromgeneratoren. Die Nutzung der Elektrizität zur Energiegewinnung und Kommunikation krempelte vieles um. In den großen Städten ersetzte man die Gaslaternen durch Glühbirnen, Telegraphenleitungen überzogen bald das ganze Land und verbanden sogar Europa und Amerika miteinander.

Gegen Ende des Jahrhunderts entwickelte Oskar von Miller das Drehstromsystem, das bald den vorher gebräuchlichen Gleichstrom ablöste. Das Kraftwerk Neue Mühle bei Kassel war das erste Kraftwerk Nord-

Bau der Edertalsperre

hessens, das nach dem neuen Prinzip arbeitete und ab 1891 die Kasseler Straßen mit dem Licht von 100 Bogenlampen und 1700 Glühbirnen erhellte. Je wichtiger die Stromerzeugung wurde, desto stärker verdrängten Großanlagen die vielen kleinen Kraftwerke. In unserer Region sind in diesem Zusammenhang das Kohlekraftwerk Borken zu nennen und eben die Edertalsperre.

1908 begannen die Bauarbeiten an der damals größten Talsperre Deutschlands. Es ist schon auf eine eigenartige Weise faszinierend, wenn man im Herbst, bei sehr niedrigem Wasserstand, die kläglichen Reste der überfluteten Ortschaften sieht. Über 700 Menschen mußten damals ihre Häuser verlassen; nur ein paar Mauern, Fundamente und zwei Brücken blieben von den Dörfern Berich, Bringhausen und Asel, die Gräber des Bericher Friedhofs wurden mit Beton versiegelt.

Am 15. August, zwei Wochen nach Beginn des I. Weltkrieges, ist es soweit: Die Edertalsperre geht in Betrieb. Die Staumauer ist rund 400 m lang, 47 m hoch und am Fuß 36 m breit. 25 Millionen Goldmark wurden hier verbaut! Die Talsperre war zwar fertig, die Arbeiten an dem dazugehörigen Kraftwerk Hemfurth I zogen sich aber noch bis 1915/16 hin. Dann nahmen auch die dort installierten vier Turbinen - 1924 kamen noch zwei dazu - die Arbeit auf. 1927 kam ein weiteres Kraftwerk, Hemfurth II, hinzu und weitere Werke sollten noch folgen.

Wer heute an die Edertalsperre denkt, hat wohl weniger die Geschichte ihrer Entstehung vor Augen, als vielmehr die Ereignisse des 17. Mai 1943. Mit speziell konstruierten Rotationsbomben griffen englische Bomber Möhne-, Sorpe- und Edertalsperre an. Zwei Bomben gingen fehl, die dritte traf um 1.37 Uhr die Ederstaumauer und riß ein tiefes Loch. Für die Energieversorgung war der Schaden nur gering, aber die dadurch ausgelöste Flutkatastrophe kostete 68 Menschenleben. Der Wiederaufbau erfolgte in großer Eile und teilweise nicht ganz sachgerecht. Nach den Reparaturarbeiten der letzten Jahre, die Staumauer wurde saniert und fester im Boden verankert, soll der Edersee fast wieder bis zur vollen Höhe aufgestaut werden.

Sage

Umleitung der Eder

Tief unten im Grund am Fuß des Waldecker Schloßberges macht die Eder einen großen Bogen um einen Basaltfelsen, hinter welchem die Stollmühle liegt. Ein Tunnel ist durch den Felsen gebrochen und das Wasser des Flusses wird auf die Mühle geleitet. Einst harrten zwei Verbrecher im Burgverlies des Schlosses, das den Namen Hexenspund trägt, weil Hexen und Zauberer mehrfach darin geendet haben. Sie warteten ängstlich auf die Vollstreckung ihrer Strafe. Da wurde ihnen Leben und Freiheit versprochen, wenn es ihnen gelang, die Eder durch den Basaltrücken zu leiten. Obgleich die Aufgabe unlöslich schien, machten sich beide dennoch an das Werk und brachten es nach vielen Anstrengungen zustande. Aber nur einer konnte sich des Lohnes freuen, denn der andere wurde von den Wellen verschlungen, als die Eder zum erstenmal mit Gewalt durch den Stollen brach.

Touristische Tips

Die **Edersee-Staumauer** bei Hemfurth ist für Besucher zugänglich. Das Kraftwerk selbst ist zu besichtigen. Anmeldung Tel. 05623/4011

Mit einer Standseilbahn kann man von Hemfurth auf den **Peterskopf** zu den Ausgleichsbecken fahren. Ein Informationszentrum gibt Auskunft über die Technik des Kraftwerks.

Schloß Waldeck, hoch über dem Nordostufer gelegen, bietet einen schönen Ausblick über den Edersee. Ein Schloßmuseum informiert über die Geschichte der Festung.

Der **Edersee** gibt reichlich Gelegenheit zum Wassersport: Windsurfing, Segeln, Bootfahren, Wasserski, Tauchen.

Der Edersee ist heute Nordhessens beliebtestes Freizeitziel

Die 20er Jahre

Das heute stillgelegte Kraftwerk Borken

Die 20er Jahre

In den schweren Auseinandersetzungen am Ende des I. Weltkrieges entstand nach dem Scheitern der Revolution von 1918/19 eine Republik, die einen schweren Stand hatte. Mit dem alten Obrigkeitsstaat war es zwar vorbei, aber es mangelte nicht an Versuchen, die ungeliebte Republik wieder abzuschaffen und erneut ein autoritäres Regime auf den Schild zu heben. Viele verklärten angesichts der Not und des Elends der ersten Nachkriegsjahre die Kaiserzeit und machten das Ausland und die deutschen Demokraten für die schlimme Lage verantwortlich. So entstand die "Dolchstoß-Legende": Das deutsche Heer sei ja gar nicht im Feld besiegt worden, sondern von hinten, von den Demokraten, erdolcht worden. Erst im Dezember 1923 konnten die wirtschaftliche Talfahrt und die galoppierende Inflation mit der Einführung der Rentenmark gestoppt werden. Die so oft zitierten "goldenen 20er Jahre" waren so golden nicht. Lediglich in der zweiten Hälfte der 20er Jahre macht sich der wirtschaftliche Aufschwung bemerkbar. Doch nur wenige Jahre später folgte der Zusammenbruch. Die Weltwirtschaftskrise von 1929 machte sich auch in Hessen katastrophal bemerkbar; reihenweise brechen Banken zusammen, machen Betriebe Pleite. Die Zahl der Arbeitslosen schwillt ständig weiter an. Im März 1930 markiert der Sturz der Regierung Müller das Ende der parlamentarischen Republik. Die bis 1933 folgenden Regierungen Brüning, Papen und Schleicher können sich nur noch mit Notverordnungen eine zeitlang über Wasser halten.

Bergbau und Strom - Borken

Im Bergbaumuseum Borken wird die Geschichte des hessischen Braunkohlebergbaus lebendig, des ältesten in Deutschland. Der Abbau von Braunkohle löste ein wichtiges Energieproblem. Bis zum Beginn der Neuzeit wurde vor allem mit Holz und Holzkohle geheizt, was zur Folge hatte, daß nach und nach derartig viel abgeholzt wurde, daß die Waldbestände in ernster Gefahr waren. Der Pfarrer von Bad Sooden-Allendorf, Johannes Rhenanus, schafft Abhilfe. Im Dezember 1576 wird auf seine Initiative hin der Betrieb der Salzpfannen auf Braunkohlefeuerung umgestellt. Wenige Jahre zuvor war am Meißner das erste Braunkohlenbergwerk eingerichtet worden. Die hessischen Landgrafen förderten den Bergbau durch mancherlei Privilegien. So erließ Landgraf Moritz am 21. März 1616 eine Urkunde über die "Bergfreiheit", wonach der Abbau von Bodenschätzen für jedermann frei sein sollte. Ausgenommen waren die "Salzbronnen, Steinkohlen- und Eisenbergwerke", die dem Landesherrn unterstellt waren. Eine im gleichen Jahr erlassene "Bergordnung" regelte die Zuständigkeiten der staatlichen Bergbeamten und die Rechte der Gewerke. Die Bergleute genossen vielfache Privilegien. So waren sie von den damals üblichen Frondiensten und auch vom Militärdienst befreit, Vergünstigungen, die sich teilweise bis in das vorige Jahrhundert hinein hielten. Die hessischen Bergbaugesetze behielten bis zur Annektion durch Preußen 1866 ihre Gültigkeit. Danach galt das liberale

Daten aus der Geschichte

775 Erste Erwähnung

Um 1570 Erstes Braunkohlebergwerk am Meißner

1616 Bergbauprivilegien (Bergfreiheit und Bergordnung) durch Landgraf Moritz

1865 Liberales preußisches Berggesetz

1897 Entdeckung der Braunkohlevorkommen von Borken

Ab 1922 Braunkohleabbau und Bau des Großkraftwerkes Borken

1.6.1988 Grubenunglück Borken/Stolzenbach, Ende des Abbaus, Stillegung des Kraftwerkes

Vergleichbares aus der Region

Über die Geschichte des hessischen Bergbaus kann man sich außer in Borken noch in verschiedenen weiteren Museen und Besucherbergwerken informieren. So etwa in Bad Wildungen-Bergfreiheit, Diemelsee-Adorf, Meißner-Abterode, Nentershausen oder Willingen.

Preußische Berggesetz vom 24. Juni 1865, das den staatlichen Einfluß weit zurückdrängte und dem privaten Bergbau Vorrang einräumte. Deutschland entwickelte sich damals zur Industriegroßmacht, Braunkohle erhielt folglich einen immer höheren Stellenwert.

Der Aufstieg Borkens zum Industriestandort begann 1897. Damals stieß man beim Bau eines Brunnens in Arnsbach auf Braunkohle. Nach dem Ende des I. Weltkrieges ging es richtig los. Ab 1922 wurde das Braunkohlevorkommen im großen Stil erschlossen und ein Großkraftwerk gebaut. Dadurch änderten sich auch Bevölkerungs- und Wirtschaftsstruktur Borkens, das bisher durch Land- und Forstwirtschaft geprägt war. Bergleute aus auslaufenden Bergbaugebieten, wie etwa der Söhre, Braunschweig oder Sachsen, zogen her. Schon in den Zwanziger Jahren arbeiteten mehr als fünfhundert Menschen im Bergbau und Kraftwerk (in Spitzenzeiten waren es 2000). 1928 liefen bereits vier Turbinen, die zusammen fünfzig Megawatt leisteten. Um das Wasser der Schwalm nicht zu sehr zu erwärmen wurden zwei mächtige Kühltürme errichtet, deren Dampffahnen weithin sichtbar waren. 1932 konnte die Leistung des Kraftwerkes durch den Bau eines zweiten Kesselhauses mehr als verdoppelt werden. Die Blütezeit des Werkes in Borken, das mehrfach erweitert wurde, lag in den späten sechziger und frühen siebziger Jahren. Einige Jahre später kam das Ende. Der Kohleabbau wurde zurückgefahren, schließlich ganz eingestellt und das Kraftwerk stillgelegt. Die Schließung wurde durch ein furchtbares Unglück beschleunigt. Am 1. Juni 1938 werden 57 Kumpel durch eine Kohlenstaubexplosion auf der Grube "Stolzenbach" verschüttet. 51 sterben, fast die gesamte Schicht, nur sechs Bergleute können in einer Luftblase überleben und werden 65 Stunden später unverletzt gerettet.

Das Bergbaumuseum Borken ist im ältesten Gebäude der Stadt untergebracht, dem früheren Richterwohnhaus aus dem Jahr 1473. Im Gewölbekeller ist sogar ein nach Originalvorbildern gestalteter Besucherstollen aufgebaut.

Sage

Jagender Spuk

Im Jahr 1651 war der Landknecht des Rentmeisters zu Borken, Johann Rühling, auf der Rückreise von Kassel, wo er für seinen Herrn einige Besorgungen erledigt hatte. Als er hinter Fritzlar an die Hecke neben der Kalbsburg kommt, hörte Johann jemanden jagen und ins Horn blasen; auch viele Hunde bellen und ihm näher kommen. Johann, der sich in Fritzlar einen guten Rausch angetrunken hatte, schrie dem Jäger nach; und einen Moment später passierte ein gewaltiger Hirsch seinen Weg, der von etlichen Hunden verfolgt wurde. Bald darauf kam ein Mann in ledernem Wams mit einer Axt, den Johann für einen Zimmermann aus Borken hielt. Als er ihn aber anredete, erhielt Johann keine Antwort Der Fremde eilte schweigend an ihm vorbei. Da kam ein Jäger, dem Landknecht unbekannt, auf diesen zu, griff mit einer eiskalten Hand dem Rühling von der Stirn hinab in den Bart. Dies kam so überraschend und war so befremdlich, daß Johann erschrocken so schnell er nur konnte nach Borken lief, wo er sich dann gleich, weil es schon späte Nacht geworden, zu Bett legte. Am Morgen aber sah jedermann, wie des Jägers Finger übers ganze Gesicht rote Stiche gegriffen hatten; und wo die Finger durch den Bart gegangen, war er so glatt und nicht ein Haar zu sehen. Und es wuchs auch keines wieder nach. Der Rühling freilich kümmerte sich nicht darum, war er doch ein rechtes Weltkind, das nach niemanden fragte; und er starb erst etliche Jahre später.

Information

Verkehrsamt Borken, Tel. 05682/80861

Touristische Tips

Als Folge des Braunkohleabbaus haben sich mehrere Seen gebildet - die **Borkener Seenplatte**. Die wichtigsten und schönsten dieser Seen sind: der Singliser See, durch seine freie, dem Wind ausgesetzte Lage ein Surfparadies, die Stockelache bei Kleinenglis, ein Badesee und der 136 ha große Borkener See, ein Naturschutzgebiet, das wegen seiner Wasserbeschaffenheit als einmalig in Europa gilt.

Die **St. Michael Kirche** in Kleinenglis ist wegen ihrer kostbaren Seccomalereien aus dem 15./16. Jahrhundert ein Kulturdenkmal von hohem Rang.

Besucherstollen im Bergbaumuseum Borken

Die 20er Jahre — 1924

Alles Eigenbau - Segelflieger auf dem Dörnberg

Daten aus der Geschichte

1910 Segelflug auf der Wasserkuppe

1914-1918 I. Weltkrieg

1918 Wahlrecht für Frauen, Ende des Kaiserreiches, Revolution

1919 Friedensvertrag von Versailles, Wiederaufnahme des Segelflugbetriebes in der Rhön

1923 Inflation, Einführung der Rentenmark

Ab 1924 Segelflug auf dem Dörnberg

1929 Weltwirtschaftskrise

1933 Hitler wird Reichskanzler

1937 Ende der zivilen Segelfliegerei

Anfang der Zwanziger Jahre wird der Dörnberg bei Kassel als drittes deutsches Segelfluggelände, neben der Wasserkuppe in der Rhön und dem ostpreußischen Rositten, ausgewiesen.

Nach dem Ende des Ersten Weltkrieges waren die Zwanziger Jahre beileibe nicht "golden". Hunger, Inflation und Demokratiefeindlichkeit beeinträchtigten die Entwicklung der jungen Weimarer Republik. Im Friedensvertrag von Versailles war dem Deutschen Reich unter anderem die Luftfahrt untersagt worden. Das galt allerdings nicht für den Gleitflug. Mit heimlicher Unterstützung der Reichswehr blüht deshalb der Segelflug auf. Viele spätere Luftwaffenpiloten beginnen, ganz zivil, als Segelflieger. Schon vor dem Ersten Weltkrieg, im Jahr 1910, versuchten sich Darmstädter Studenten auf der Wasserkuppe im Segelflug. 1919 ging es nach der kriegsbedingten Unterbrechung wieder weiter. Die Flugdauer war anfangs noch recht kurz. Wolfgang Klemperer, ein Jahr später Sieger des zweiten "Rhön-Wettbewerbes", blieb gerade mal zweieinhalb Minuten in der Luft. Schon wenige Jahre später, 1926, stellte Max Kegel, "Gewitter-Maxe", mit einer Maschine der Kasseler Flugzeugwerkstatt Ackermann & Kegel mit einem 55-km-Gewitterflug einen neuen Streckenweltrekord auf.

In diesen Jahren erfaßte die Flugbegeisterung, das "Rhön-Fieber", auch die Nordhessen. Seit Jahren auf der Suche nach einem geeigneten Gelände

Segelflieger über dem Dörnberg

Segelflug — Dörnberg

Schulgleiter SG 38 von 1936

Information

Verkehrsamt Zierenberg

Touristische Tips

Der Dörnberg ist mit seiner **Trockenrasenvegetation** auch Ausflugsziel für naturkundlich Interessierte. Im Sommer herrscht hier nach wie vor reger **Segelflugbetrieb** und Besucher können hin und wieder an einem Gastflug teilnehmen.

Einige Kilometer weiter südöstlich liegt der **Flughafen Kassel-Calden**. Von hier aus starten regelmäßig kleine und größere Motorflugzeuge und Helikopter. Eine Fallschirmspringer- und eine ULM-Schule haben ebenfalls am Flugplatz ihre Basis.

Von Calden aus lohnt sich auch ein Abstecher zum **Schloß Wilhelmsthal** (siehe Seite 10 f).

Etwa 7 km südwestlich vom Dörnberg erhebt sich der markante Klosterberg oberhalb von Burghasungen. Die ehemals bedeutende Benediktinerabtei Hasungen ist heute zwar bis auf einen Gedenkstein nicht mehr zu sehen, aber ein **Klostermuseum** hat Reste und Schriften gesammelt und kann nach Absprache mit dem Ortsvorsteher besichtigt werden (siehe Seite 13).

entschieden sich die angehenden Kasseler Segelflieger für die kahle Hochfläche des Dörnbergplateaus, das geradezu ideale Bedingungen bot. Lediglich die dort weidenden Kühe, die auch heute noch recht interesselos dem Flugbetrieb beiwohnen, störten manchmal etwas. Im Frühjahr 1924 war es soweit, die ersten selbstgebastelten Hängegleiter kurvten um die Basaltkegel des Dörnbergs. Ziemlich mühsam mußten die flugbegeisterten jungen Leute, Arbeiter, Studenten, Handwerker und Schüler, ihre Maschinen vom Bahnhof Fürstenwald den Berg hinauftragen. Schon in jenem Jahr bauten sie sich dort oben eine Baracke, die sowohl als Unterkunft, als auch als Werkstatt diente. Bald wurden die Hängegleiter von Hochleistungsfliegern abgelöst, mit denen nun auch weitere Flüge, etwa nach Kassel, wo sie in der Karlsaue landeten, oder zum Meißner möglich waren. Anfang der Dreißiger Jahre, nachdem sich auch die Segelflieger der Deutschen Burschenschaft hier niedergelassen haben, haben die Anlagen auf dem Dörnberg bereits beträchtlichen Umfang angenommen. Drei Flugschulen etablierten sich, eine Reihe fester Holzhäuser entstanden, ja, sogar die Beamten der Reichsluftaufsicht werden hier in Segelflug und Flugüberwachung ausgebildet. Seit 1928 fanden regelmäßig zu Himmelfahrt "Großsegelflugtage" statt, zu denen oft über zehntausend Schaulustige aus Kassel und den umliegenden Orten erschienen. 1937 ist Schluß mit dem zivilen Segelflug. Das NS-Fliegerkorps übernimmt den "Niederhessischen Verein für Luftfahrt" ebenso wie die Segelfliegerabteilung der Burschenschaft. Die vormilitärische Ausbildung verdrängt den zivilen Segelflug.

Heute ist von den alten Gebäuden kaum noch etwas übrig. Nach dem Krieg wurde das Fliegerlager als Kinderheim und später als Jugendbildungsstätte benutzt. Die Holzhäuser wurden abgerissen und mußten dem Neubau des Jugendhofes Dörnberg weichen. Lediglich die Anlagen der Burschenschaft blieben erhalten, die letzten Reste einer der ersten Flugschulen Deutschlands.

NS-Zeit
1933 - 45

Gedenkstätte Breitenau

Nordhessen unterm Hakenkreuz

Die Ernennung Hitlers zum Reichskanzler am 30. Januar 1933 bedeutete auch für Nordhessen den endgültigen Abschied vom Rechtsstaat und die Hinwendung zu einem beispiellosen Terrorregime. Bis Mitte Februar waren die Regierungspräsidenten in Kassel und Wiesbaden abgelöst, der Terror der SA konnte sich ungehindert entfalten. Gleichschaltung und Anpassung erfaßten bald alle Bereiche des öffentlichen Lebens. Am 1. April organisiert die SA den Boykott jüdischer Geschäfte, Menschen werden mißhandelt, bald die ersten Konzentrationslager eingerichtet. Von der planmäßigen Schikanierung jüdischer Bürger über die Pogromnacht 1938 bis zum millionenfachen Mord vergingen nur wenige Jahre. Der Widerstand war nur schwach organisiert, wer nicht ins Exil flüchten konnte, war von Folter und Ermordung bedroht. Schon bald liefen auch die Kriegsvorbereitungen auf Hochtouren, Rüstungsbetriebe hatten Hochkonjunktur. Die Olympischen Spiele 1936 in Berlin sollten das Aushängeschild eines Staates sein, der in Wirklichkeit bereits auf den Krieg hinarbeitete. Mit dem deutschen Überfall auf Polen ,1939 ,begann der II. Weltkrieg, der weit über fünfzig Millionen Menschenleben kostete und an dessen Ende Europa in Trümmern lag. Mit dem Inkrafttreten der deutschen Kapitulation am 8. Mai 1945 war das Ende des wohl grauenhaftesten Regimes der Geschichte gekommen.

Daten aus der Geschichte

1113 Gründung des Klosters Breitenau
Im 16. Jahrhundert Auflösung des Klosters
1870/71 Kriegsgefangenenlager Breitenau
1874 "Besserungsanstalt"
1933 Einrichtung von Konzentrationslagern
1933/34 Breitenau KZ für politische Häftlinge
1938 Inhaftierung jüdischer Bürger in Breitenau
1940 Die Gestapo richtet das "Arbeitserziehungs- und Konzentrationssammellager" in Breitenau ein
30.3.1945 Ermordung von 28 Häftlingen in Breitenau
1949-73 "Geschlossenes Heim für schwererziehbare Mädchen"
Seit 1973 offenes psychiatrisches Krankenhaus

Vergleichbares aus der Region

Zeugnisse der NS-Zeit lassen sich auch auf dem Gelände der ehemaligen Sprengstoffabrik Hirschhagen (siehe Seite 88 f) finden.

Der Terror gleich nebenan - das KZ Breitenau

Ein lange Zeit hindurch vergessener Ort nationalsozialistischen Terrors war die ehemalige Klosteranlage Breitenau in Guxhagen.
Bereits im Jahr vor Hitlers Ernennung zum Reichskanzler war die NSDAP in Hessen die stärkste Partei. In den ländlichen Gegenden Mittel- und Oberhessens halfen ihnen völkische und antisemitische Kreise. Verunsicherte, von sozialem Abstieg bedrohte Kleinbürger, Studenten, Leute, die die ungeliebte Weimarer Republik wieder loswerden wollten und auch manche Arbeiter bildeten ihre Basis in den Städten. Der später berüchtigte Präsident des Volksgerichtshofes, Roland Freisler, war Führer der NS-Fraktion im Kasseler Stadtparlament.
Gleich nachdem die Nationalsozialisten im Januar 1933 an die Macht gekommen waren, setzte in ganz Deutschland eine riesige Verhaftungswelle ein. Politische Gegner, Gewerkschafter, Sozialdemokraten, Kommunisten wurden verhaftet und gefoltert. "Schutzhaft" nannte man das. In etwa siebzig Konzentrationslagern wurden ab 1933 in Deutschland Menschen gequält. In Hessen waren dies die Lager Osthofen bei Worms und eben Breitenau. Als der Holocaust begann und die großen Vernichtungslager gebaut wurden, geschah dies nicht nur in Auschwitz oder Treblinka, eine "Zwischenstufe" befand sich auch vor der eigenen Haustür: Das "Konzentrationssammellager" Breitenau.
Von außen sieht man der ehemaligen Benediktinerabtei Breitenau, die als eine der schönsten romanischen Anlagen in Hessen gilt, diese grausige

Konzentrationslager Breitenau

Geschichte nicht an. Heute befindet sich dort eine offene psychiatrische Anstalt und eine Gedenkstätte für die Opfer des Nationalsozialismus. Seit 1874 war hier eine "Besserungsanstalt" untergebracht, von 1949 bis 1973 ein "geschlossenes Heim für schwererziehbare Mädchen". Erst seit 1979 erforschen Wissenschaftler und Studenten der Gesamthochschule Kassel die Geschichte Breitenaus in der Nazi-Zeit. 1933 bis 1934 waren mindestens 470 politische Gefangene hier inhaftiert, deren Widerstandswille durch Demütigungen und Mißhandlungen gebrochen werden sollte. Nach den Pogromen vom November 1938 wurden jüdische Mitbürger in Breitenau gequält. Im Sommer 1940 richtete die Gestapo Kassel dort ein "Arbeitserziehungs- und Konzentrationssammellager" ein. Etwa 7000 Menschen, Deutsche und auch ausländische Zwangsarbeiter, waren hier bis Kriegsende eingesperrt. Als Haftgrund reichte es oft schon, wenn jemand einem hungernden Zwangsarbeiter ein Stück Brot zusteckte oder einen politischen Witz erzählte. Von Breitenau aus ging die Quälerei weiter. Hier wurde entschieden, ob ein Gefangener entlassen, oder in eines der großen SS-Vernichtungslager deportiert wurde. Mindestens zwanzig Prozent der Inhaftierten kamen von hier aus nach Auschwitz, Dachau, Buchenwald oder in eines der anderen Konzentrationslager. Es ist kaum noch feststellbar, wie viele Menschen in Breitenau starben, bedingt durch Mißhandlungen und schlechte Haftbedingungen.

Am 30. März 1945, Karfreitag, erschoß die Gestapo 28 Häftlinge am Fuldaberg oberhalb Breitenaus. Der Urheber dieser Tat, der Kasseler Gestapo-Chef und SS-Obersturmbannführer Franz Marmon bekam dafür übrigens 1952 zwei Jahre Haft wegen "Totschlags, begangen in Rechtsfahrlässigkeit". Die Untersuchungshaft seit 1950 wurde auf das Strafmaß angerechnet.

Wim de Vries sieht im März 1987 Breitenau wieder
(aus: G. Richter, Die Gedenkstätte Breitenau, Kassel 1989, S.22)

Breitenau
Es war so friedlich
dort in Breitenau
Die Zellen leer, der Speicher
im Gotteshaus war geputzt.
Auf dem Appellplatz blühten
Blumen zwischen Steinen.
Trotzdem waren sie wieder da,
angsterfüllt, wacklig auf
den Beinen in furchtbarer Kälte.
Und wie ein Dirigent der
Henker mit der Karbatsche.
Es war so friedlich
dort in Breitenau.
Noch aber war überall die Angst
zu spüren.
In jeder Zelle ein Schrei in
Stein gekratzt.

Information
Gedenkstätte Breitenau, Tel. 05665/3533

Touristische Tips

Die **Gedenkstätte Breitenau** erinnert mit Dokumenten und einer Ausstellung an die KZ-Vergangenheit.

In Guxhagen steht noch die **ehemalige Synagoge** - heute Gemeindehaus - in der Untergasse 9.

An der Straße nach Albshausen liegt der **jüdische Friedhof**. Den Schlüssel erhält man im Bürgermeisteramt.

In der Fellestraße / Mittelgasse kann ein **Schmiedemuseum** besucht werden. Anmeldung bei Kurt Ötzel, Tel. 05665/2940.

Ein empfehlenswerter Spaziergang führt auf einem alten **Trendelpfad** an der Fulda entlang bis nach Büchenwerra.

In Wagenfurth, einem Ortsteil der Nachbargemeinde Körle, steht eine aus dem 15. Jahrhundert stammende **gotische Kapelle**. Sie gilt als eine der reizvollsten Fachwerkkirchen Hessens.

Kloster Breitenau in Guxhagen

NS-Zeit 1933 - 45

Kriegsvorbereitung im Wald - die Munitionsfabrik Hirschhagen

Daten aus der Geschichte

1936 Baubeginn Sprengstoffabrik Hirschhagen

1936-39 Spanischer Bürgerkrieg

1937 Zerstörung der baskischen Stadt Guernica durch deutsche Flugzeuge (Legion Condor)

1938 "Anschluß" Österreichs, Münchener Abkommen, Besetzung des Sudetenlandes

1.6.1938 Sprengstoffabrik Hirschhagen nimmt Betrieb auf

März 1939 Einmarsch in die Tschechoslowakei

1.9.1939 Überfall auf Polen, Beginn des II. Weltkrieges

August 1944 Einrichtung des KZ-Außenkommandos Buchenwald in Hirschhagen

Eine Überlebende des Evakuierungsmarsches aus Hirschhagen berichtet:

"Wie ich schon erklärte, wurde das Lager Ende März oder Anfang April 1945 evakuiert. Alle Insassen des Lagers, SS-Soldaten, Häftlinge verließen das Lager. Wir bildeten eine Marschkolonne und wurden über Felder, Wälder, verschiedene Ortschaften getrieben. Am 27. April wurde ich in Wurzen befreit. Zu unserer Kolonne schließen sich während des Marsches auch andere Häftlingsgruppen. Ich erinnere mich, daß viele Häftlinge, die nicht weitergehen konnten, erschossen wurden."

(aus: Vaupel, Dieter, Das Außenkommando Hess. Lichtenau des Konzentrationslagers Buchenwald 1944/45, Kassel 1984)

Eine der größten Sprengstoffabriken Deutschlands wurde ab 1936 in Hirschhagen, einem Ortsteil Hessisch Lichtenaus errichtet.

Von Anfang an betrieben die Nazis Kriegsvorbereitungen - nicht umsonst gingen seit 1933 die Arbeitslosenzahlen zurück: Die Rüstungsindustrie boomte. 1936 ergab sich erstmals die Gelegenheit, die neuen Waffen "auszuprobieren". Die deutsche "Legion Condor" half den spanischen Faschisten, eine Diktatur zu errichten. Die Bombardierung der baskischen Stadt Guernica durch deutsche Flugzeuge ist unvergessen.

Für die Produktion von Bomben, Granaten und Minen suchte man überall nach geeigneten Fabrikstandorten. Hirschhagen bot da günstige Bedingungen: Gute Verkehrsanbindung bei gleichzeitig relativ abgeschiedener Lage, Energieversorgung durch nahegelegene Kohlebergwerke und nicht zuletzt wegen des dichten Mischwaldes hervorragende Möglichkeiten, die Anlage gegen Fliegerangriffe zu tarnen. Nach zweijähriger Bauzeit wurde die Munitionsfabrik Hirschhagen der Dynamit Nobel AG am 1. Juni 1938 in Betrieb genommen. Zwei Sprengstoffsorten wurden hier produziert: TNT (Trinitrotoluol), das in Bomben, Granaten und Tellerminen gefüllt wurde und Pikrinsäure, die als Treibmittel, zum Beispiel für Gewehrmunition verwendet wurde.

Im Wald von Hirschhagen kann man heute noch viele Ruinen der 360 getarnten und teilweise unterirdischen Gebäude sehen. Einige von ihnen werden als Wohnräume und Werkstätten genutzt. Zunächst arbeiteten Freiwillige und Dienstverpflichtete in der Fabrik, je länger der Krieg dauerte, desto mehr wurden Zwangsarbeiter und Kriegsgefangene eingesetzt. Insgesamt waren hier bis Kriegsende fast zehntausend Arbeiterin-

Verladerampe der Munitionsfabrik Hirschhagen

Rüstungsproduktion — Hess. Lichtenau

nen und Arbeiter beschäftigt. Bei den zahlreichen Unfällen - das Abfüllen und Pressen des Sprengstoffes war eine höchst gefährliche Arbeit - kamen über zweihundert Menschen ums Leben. Im August 1944 wurde ein Außenkommando des KZ Buchenwald eingerichtet. 1000 ungarische Jüdinnen kamen zur Zwangsarbeit nach Hirschhagen. Sie waren in Auschwitz "selektiert" worden und wurden in Güterwagen nach Hessisch Lichtenau transportiert. Dort, wo sich das Lager befand, stehen heute der Kindergarten und die Freiherr-vom-Stein-Schule. Die Frauen, nur in Lumpen, viele ohne Schuhe, mußten täglich kilometerweit zur Fabrik gehen. Zehn Stunden schwerste körperliche Arbeit nur mit fünfzig Gramm Brot und etwas Wassersuppe mit Rüben hielten viele Zwangsarbeiterinnen nicht durch. 206 Frauen waren bereits nach sechs Wochen so erschöpft, daß sie arbeitsunfähig waren. Sie wurden nach Auschwitz gebracht und dort ermordet. Die Arbeit mit den hochgiftigen Chemikalien führte häufig zu tödlichen Lebervergiftungen, Gelbsucht und Lungenschädigungen. Bei Arbeiterinnen, die mit dem Sprengstoff Pikrin in Kontakt kamen, verfärbten sich Haut und Haare gelb oder Grün, weshalb man ihnen den zynischen Spottnamen "Kanarienvögel" gab. Kurz vor Kriegsende wurden noch mehrere Frauen von der SS-Wachmannschaft ermordet. Für die anderen begann ein Wettrennen ums Überleben. Wenige Tage vor dem Einmarsch der Amerikaner wurden die KZ-Gefangenen evakuiert und nach Leipzig gebracht. In Wurzen wurden die Überlebenden, viele Häftlinge waren während des zweiwöchigen Marsches von der SS erschossen worden, von amerikanischen Truppen befreit.

Diese Geschichte war lange verdrängt und vergessen. Erst Anfang der 80er Jahre, als sich eine Projektgruppe der Gesamtschule Hessisch Lichtenau darum kümmerte, kam sie wieder zutage.

Information

Herr Jürgen Jessen, Tel. 05602/2586

Touristische Tips

In diesem Zusammenhang siehe auch Guxhagen, **KZ Breitenau**.

Hessisch Lichtenau liegt im Bergland Hoher Meißner und ist Ausgangsort für **Wanderwege** ins Mittelgebirge, z.B. zum Hohen Meißner.

Der nördliche Nachbarort **Helsa** ist wegen seines komplett denkmalgeschützten schönen Fachwerkortskerns sehenswert.

Der nordöstliche Nachbarort **Großalmerode** ist wegen seiner Töpfertradition bekannt. Ein Fachmuseum dokumentiert die Entwicklung der Keramik und Glasherstellung in Großalmerode (siehe Seite 54 f).

Zwangsarbeiterinnen in Hirschhagen

Nachkriegszeit 1948

Das erste Geld nach der Währungsreform

Wiederaufbau und Teilung

Nach dem Ende des II. Weltkrieges proklamierten die amerikanischen Besatzungsbehörden am 19. September 1945 das Land "Groß-Hessen", das aus dem ehemaligen Hessen-Nassau und Teilen des früheren Volksstaates Hessen bestand. Die Not jener Jahre war enorm. Nicht nur, daß zum Wiederaufbau von Politik und Verwaltung politisch unbelastete Leute gefunden werden mußten, um ein demokratisches System zu etablieren. Das Land war ruiniert, die Städte zerstört und mit Flüchtlingen überfüllt, die Infrastruktur zerschlagen. Hungersnot und Seuchen waren durchaus reale Gefahren. Die Lebensmittelrationen lagen unterhalb des Existenzminimums, Wohnraum gab es kaum, die Versorgung mit Heizmaterial im Winter war nur ungenügend. Kein Wunder also, daß die Krankheitsfälle, besonders alte Menschen und Kinder waren betroffen, stark zunahmen. Erst im Zuge des Marshall-Planes und der Währungsreform faßte die Wirtschaft langsam wieder Tritt. Auch das politische Leben entwickelt sich langsam wieder, am 1. Dezember 1946 wird die neue hessische Landesverfassung in einer Volksabstimmung gebilligt. Das Aufbrechen alter Gegensätze zwischen den Siegermächten im "Kalten Krieg" verhindert allerdings die Vereinigung der alliierten Besatzungszonen zu einem geeinten Staat. Traditionelle Ost-West Verbindungen etwa zwischen Thüringen und Hessen werden unterbrochen, seit mit der Gründung zweier Staaten, Bundesrepublik und DDR, eine immer unüberwindlichere Grenze die beiden Länder trennt. Bis 1989/90 sollte diese Teilung dauern.

Die Währungsreform 1948 - das Konklave von Rothwesten

Gedruckt wurden die ersten D-Mark-Noten zwar in den USA, die Durchführung der in Amerika vorbereiteten Währungsreform wurde in Rothwesten bei Kassel beraten.

Nach dem Ende des Zweiten Weltkrieges und der Aufteilung Deutschlands in Besatzungszonen traten mehr und mehr schwere finanzielle Probleme auf. Die alte Reichsmark war kaum noch etwas wert. Alles war knapp, die Lebensmittel rationiert, oft konnte man nur auf dem Schwarzmarkt etwas erstehen. Und dort waren die Preise saftig. So kostete ein Pfund Kaffee zwischen 50 und 500 Reichsmark, ein Brot zehn Reichsmark und ein Pfund Zucker etwa 80 Reichsmark. Am schlimmsten waren die Städter dran. 1946 lag die Versorgung mit Nahrungsmitteln unter dem Existenzminimum, nach der Mißernte von 1947 sanken die Rationen noch weiter. Wer irgend etwas zu tauschen hatte, machte sich zu Hamsterfahrten auf, um auf dem Land wenigstens ein paar Kartoffeln oder etwas Speck zu ergattern. Es mußte etwas geschehen, um die zerrüttete deutsche Wirtschaft wieder in Schwung zu bringen. Eine Voraussetzung dafür war die Neuordnung des Geldwesens, die berühmte "Währungsreform". Um Spekulationen einzudämmen wurde diese Aktion unter größter Geheimhaltung vorbereitet. Bereits 1947 wurden von zwei Druckereien in den USA die ersten D-Mark-Noten hergestellt und in der Operation

Daten aus der Geschichte

8.5.1945 Kapitulation der Wehrmacht

17. 7. - 2. 8. 1945 Konferenz von Potsdam

20. 1. 1946 Erste freie Gemeindewahlen in Hessen

1. 12. 1946 Volksabstimmung über Landesverfassung

1947 Einrichtung der Bizone (amerikanische und britische Zone)

5. 6. 1947 Marshall-Plan verkündet

25. 6. 1947 Gründung des Wirtschaftsrates

1948 Tagungen der Londoner 6-Mächte-Konferenz

20. / 21. 6. 1948 Währungsreform

8. 4. 1949 Trizone (französische Zone schließt sich an)

24. 5. 1949 Grundgesetz tritt in Kraft

"Bird-Dog" nach Europa gebracht. Das neue Geld sollte so knapp wie möglich gehalten werden, 40 DM "Kopfgeld" gab es zunächst nur für jeden.

Streng abgeschirmt von der Außenwelt bereiteten alliierte und deutsche Währungsexperten die ganze Sache vor. Am 21. April 1948 werden sie in einem US-Militärbus mit zugemalten Fensterscheiben auf Umwegen von Bad Homburg zu einem mit Stacheldrahtzäunen und doppelten Postenketten stark gesicherten ehemaligen Fliegerhorst gebracht: Rothwesten. Bis zum 8. Juni beraten sie im "Haus Posen", einem einfachen Kasernenbau. Die Kommission, zehn Männer und eine Frau, berät unter der Leitung des "Vaters der Währungsreform", des damals 28jährigen Amerikaners Tennenbaum. Natürlich sickerten trotz strenger Geheimhaltung Gerüchte über eine bevorstehende Währungsreform durch. Aber die Schwarzmarkthändler blieben noch gelassen. Sie vertrauten auf Informationen von amerikanischer Seite, daß dennoch die Rationierungen bestehen bleiben sollten, was ihnen auch weiterhin blühende Geschäfte beschert hätte. Doch dem war nicht so. Erhardt hebt, entgegen den Bewirtschaftungsvorschriften der Militärregierung die meisten Preisbindungen und Rationierungen auf. Am 19. Juni, ein Samstag, wird die Währungsreform angekündigt, zwei Tage später tritt das "Gesetz über die Neuordnung des deutschen Geldwesens" in Kraft. Bereits im Frühjahr waren die neuen Geldscheine, immerhin 23.000 Kisten, in Bremerhaven eingetroffen und in 90 Eisenbahnwaggons in Frankfurt bei der "Bank deutscher Länder" eingelagert worden.

Als die Menschen am Montag in die Auslagen der Geschäfte sahen, trauten sie ihren Augen nicht. Wo vorher gähnende Leere war, lagen nun fast schon vergessene Waren zum Verkauf aus. Die Zeiten des Schwarzmarkthandels und der Tauschwirtschaft, der sogenannten "Zigaretten-Währung", waren vorbei. Die Beratungen in einer ausgedienten Kaserne in Rothwesten hatten Erfolg gehabt. Manchmal kann man noch Münzen von damals finden, die noch die Prägung "Bank deutscher Länder" tragen.

Der **SPIEGEL** notiert in seiner ersten Ausgabe vom 16. November 1946 regelrechte "Börsenkurse" des Schwarzmarktes (S. 15): "Hinzu kam noch die allgemeine Verminderung der Kaufkraft in jener Zeit. Nach der Abschaffung des alliierten Geldes stiegen die Zigarettenpreise, die an einzelnen Stellen Süddeutschlands bereits auf 1,50 gesunken waren, langsam aber stetig wieder an. Die Kaufkraft für Zigaretten ist längst nicht mehr die alte -, aber das Angebot ist auch sehr gering geworden. Große Posten von Zigaretten kommen praktisch nur noch auf dem Weg über das Kompensationsgeschäft mit Soldaten auf den Markt. So, wenn eine Leica gegen 5000 Zigaretten getauscht wird oder ein Radio gegen 500 Stück."

Information

Gemeindeverwaltung Fuldatal,
Tel. 0561/98180

Touristische Tips

In der alten Kaserne in Fuldatal Rothwesten - im Haus Posen - erinnert ein **Museum** an dieses Ereignis.

Ebenfalls in Rothwesten gibt es eine **Volkssternwarte**, von der regelmäßig Beobachtungen des Sternenhimmels stattfinden. Anmeldung Tel. 05607/459.

Im Ortsteil Wilhelmshausen steht die romanische Basilika des ehemaligen **Zisterzienserklosters Wahnhausen**. Auskunft Gemeinde Fuldatal.

Ca. 7 km nordwestlich von Rothwesten, in Immenhausen lohnt sich der Besuch der **Glashütte**. Ein Glasmuseum zeigt besonders schöne Exponate der Glaskunst. Den Glasbläsern der Glashütte Süssmuth kann - nach Absprache - bei der Arbeit zugesehen werden (siehe Seite 54 f).

Museumsleiter Alfons Kössinger mit einer Tafel der Gestalter der Währungsreform von 1948

Nachkriegszeit

1952

Bis 1989 war hier Schluß - die "Whisky-Wodka-Linie" von Wanfried

Daten aus der Geschichte

1948 Währungsreform in den Westzonen, Berlin-Blockade

Mai 1949 Gründung der Bundesrepublik

Oktober 1949 Gründung der DDR

1952 "Stalin-Note", Abriegelung der Grenze

17.6.1953 Arbeiteraufstand in der DDR

1955 Pariser Verträge treten in Kraft, Beitritt zur NATO.
Gründung des Warschauer Paktes (Beitritt der DDR)

13. 8. 1961 Bau der Mauer in Berlin

12. 8. 1970 Moskauer Vertrag (Neue Ostpolitik)

7. 12. 1970 Warschauer Vertrag

1970 Treffen der Regierungschefs beider deutscher Staaten in Erfurt und Kassel

3. 9. 1971 4-Mächte-Berlin-Abkommen

21. 12. 1972 Grundlagenvertrag zwischen Bundesrepublik und DDR

1989 Umwälzungen in der DDR

3. 10. 1990 Beitritt der Länder der DDR zur Bundesrepublik

Vergleichbares aus der Region

Im Grenzmuseum Schifflersgrund bei Bad Sooden-Allendorf kann man am historischen Ort, ein Beobachtungsturm steht noch auf dem Gelände, Aufbau und Entwicklung der Grenze nachvollziehen.

Im Oktober 1990 verschwand ein Staat von der Landkarte: die DDR. Bald wird kaum noch etwas von der früheren Grenze zwischen den beiden deutschen Staaten zu sehen sein, die zu den bestbewachtesten der Welt gehörte. Im Dokumentationszentrum zur deutschen Nachkriegsgeschichte werden ihr Aufbau und ihre Geschichte dokumentiert.

Die Ursprünge der deutschen Teilung reichen weit zurück. Mit dem Überfall der Wehrmacht auf Polen, 1939, beginnt der II. Weltkrieg. Bereits im September 1944 beschließen die Alliierten in London, Deutschland nach dem Ende des Krieges zunächst in Besatzungszonen aufzuteilen. Im nordhessischen Bereich verläuft die Demarkationslinie entlang der Grenze zwischen Hessen und Thüringen. Im "Wanfrieder Abkommen" vom 17. September 1945 wird die sogenannte "Whisky-Wodka-Linie" festgelegt. Die von den Amerikanern benutzte Eisenbahnverbindung von Hamburg nach Fulda führte unterhalb der Burg Hanstein über eine Distanz von fast fünf Kilometer durch sowjetisches Gebiet. Um den häufigen Störungen ein Ende zu setzen, wird östlich von Bad Sooden-Allendorf ein Gebietsaustausch vorgenommen, so daß nunmehr die ganze Bahnstrecke im westlichen Gebiet liegt.

Der beginnende "Kalte Krieg" zwischen den Westalliierten und der Sowjetunion macht eine Vereinigung der Besatzungszonen unmöglich, die Tendenzen zur Spaltung werden immer deutlicher. 1948 wird in den westlichen Zonen die Währungsreform durchgeführt, die Sowjets blockieren fast ein Jahr lang den Zugang nach Westberlin. Im Mai des folgenden Jahres tritt das Grundgesetz für die Bundesrepublik in Kraft, im Herbst 1949, am 7. Oktober, wird die DDR gegründet. 1952 lehnt der

Im Dokumentationszentrum zur Deutschen Nachkriegsgeschichte in Wanfried erinnern Modelle, Schaukästen, Filme und Bücher an die DDR-Grenze

Innerdeutsche Grenze

Westen die "Stalin-Note" - Angebot der Vereinigung Deutschlands unter der Bedingung seiner Neutralität - ab. Bundesrepublik und DDR werden immer fester in die jeweiligen Bündnissysteme integriert. Doch die DDR steht auf schwachen Füßen. Um den enormen Strom der Flüchtlinge zu stoppen, wird die Grenze Ende Mai 1952 hermetisch abgeriegelt. Das letzte "Schlupfloch", Berlin, wird durch den Bau der Mauer 1961 geschlossen. Seither wurden die Grenzanlagen immer perfekter, eine Flucht immer gefährlicher. Über eine Länge von 1393 Kilometern verläuft eine fast unüberwindliche, bis zu fünf Kilometer tiefe Sperranlage. Auch hier bei Wanfried wurden dadurch traditionelle Ost-West-Verbindungen unterbrochen. Tiefgestaffelte Zäune, Bunker und Beobachtungstürme, später auch Minenfelder und Selbstschußanlagen machen eine Flucht nahezu unmöglich. Zahlreiche Menschen werden bei dem Versuch über die Grenze zu gelangen erschossen. Der ganze Aufbau der Anlagen macht deutlich, daß die Sperranlagen nicht - wie von der DDR behauptet - dazu dienen, Eindringlinge aus dem Westen abzuhalten, sondern gegen die eigene Bevölkerung gerichtet sind. Viele der Menschen, die innerhalb der fünf Kilometer breiten Sperrzone leben, werden zwangsweise umgesiedelt oder erhalten spezielle Ausweise für diese Zone. In den 80er Jahren werden zwar die Selbstschußapparate und Minenfelder abgebaut, aber immer noch werden Minen von Räumkommandos aufgespürt. Mit den Umwälzungen in der DDR 1989 ändert sich auch die Situation an der Grenze. DDR-Bürger erhalten Reisefreiheit, die Sperrzone wird aufgehoben und auch der "Schießbefehl" gilt nicht mehr. Am 3. Oktober 1990 treten die Länder der DDR der Bundesrepublik bei.

Wanfried

Randnotizen

Am 9. November 1989, um 19.07 Uhr, verkündet Günter Schabowski (DDR) auf einer Pressekonferenz die Öffnung der Mauer. Aus einem Kommentar der SED-Zeitung "Das Volk", Bezirk Erfurt vom 11.November:
"... Die Informationen von den Grenzübergängen lassen hoffen. Die überwiegende Mehrzahl derer, die sich bereits in der Nacht zum Freitag in Gang setzte, kehrte zurück. Zu beobachten war und bleibt ein Phänomen, das wohl in der Welt seinesgleichen sucht: Wenn auf die Straße gegangen wurde, dann diszipliniert, nach Feierabend und gewaltfrei, und gestern morgen waren die meisten trotz durchgemachter Nacht auf Kudamm oder Reeperbahn am Arbeitsplatz. Wer also ein Zeichen sucht, um Mut zu schöpfen, der hat es bekommen. Bleiben und Reisen, die Welt sehen und verändern, sollte das die Zauberformel sein? Man ist geneigt, in diesen Tagen an Wunder zu glauben. Wer jetzt geht, der könnte eins verpassen."

Information

Verkehrsamt Wanfried, Marktstr. 18

Touristische Tips

Die **Wanfrieder Altstadt** weist eine große Zahl an historischen Fachwerkbauten auf, die aus der Zeit stammen, als Wanfried Endhafen der Weser-Werra Schiffahrt war. Besonders sehenswert sind das Rathaus in der Marktstraße, das Gasthaus "Zum Schwan", die "Alte Post" und die ehemaligen Stapelhäuser am alten Werrahafen.

Im Kendelschen Schloß befindet sich heute das **Heimatmuseum** und das **Dokumentationszentrum zur Deutschen Nachkriegsgeschichte**. Das Dokumentationszentrum gibt einen Eindruck von der 40 Jahre währenden Trennung zwischen BRD und DDR. Die Sammlung beinhaltet über 1800 Publikationen über die ehemalige DDR, ein maßstabgerechtes Modell des Dorfes Großburschla, mit den Grenzsicherungssystemen und diverse Videofilme über die Umbruchphase in der Ex-DDR. Anmeldung: Tel. 05655/8603.

Stapelhäuser am Werraufer in Wanfried

Zeittafel

600.000 - 10.000 v. Chr.
Altsteinzeit, Neandertaler

ab ca. 37.000 v. Chr.
Cro-Magnon-Mensch

10.000 - 5.000 v. Chr.
Mittelsteinzeit, Jäger, Fischer und Sammler

5.000 - 1.800 v. Chr.
Jungsteinzeit, Ackerbau und Viehzucht, Bandkeramische-Rössener- und Michelsberger Kultur, Wartberg-Kultur

1.800 - 800 v. Chr.
Bronzezeit

bis 1.200 v. Chr.
Hügelgräberzeit

1.200 - 800 v. Chr.
Urnenfelderzeit

800 - Chr. Geb.
Eisenzeit

bis 500 v.Chr.
Hallstatt-Zeit

ab 500 v. Chr.
Latène-Zeit, Kelten in Hessen

0 - 450 n. Chr.
Germanen, Chatten siedeln in Nordhessen

9 n. Chr.
Schlacht im Teutoburger Wald

um 450
Ende der römischen Herrschaft in Südhessen, Völkerwanderung, Ende des weströmischen Reiches

6. - 7. Jhd.
Hessen gerät unter fränkischen Einfluß

723/24
Bonifatius fällt Donar-Eiche

800
Karl der Große zum Kaiser gekrönt

843
Verträge von Verdun, Ostfränkisches Reich an Ludwig d. Deutschen

919
Heinrich I., Geburtsstunde des deutschen Reiches

962
Otto I. zum Kaiser gekrönt, Beginn des "Heiligen Römischen Reiches Deutscher Nation"

1027/39
Die Grafen Werner erhalten Grafschaft Hessen

ab 1100
Aufblühen der romanischen Kunst

1122
Aussterben der Gisonen, Ludwig I., ab 1131 Landgraf v. Thüringen, vereinigt Thüringen mit Hessen (Ludowinger)

1231
Die heilige Elisabeth stirbt in Marburg, Beginn der Gotik in Deutschland, Blütezeit höfischer Literatur (Staufer)

1247
Tod Heinrich Raspes, Aussterben der Ludolfinger

1248
Sophie v. Brabant sichert ihrem Kind Heinrich die Herrschaft in Hessen, Beginn der Geschichte Hessens als selbständige politische Einheit 1292. Landgraf Heinrich I. in Reichsfürstenstand erhoben

1450
Grafschaft Ziegenhain fällt an Hessen

1458
Teilung Hessens, ab 1471 wieder vereinigt

1525
Bauernkrieg

1526
Synode von Homberg, Einführung der Reformation in Hessen

1568
Landesteilung in Hessen-Kassel, Hessen-Darmstadt, Hessen-Rheinfels (bis 1583) und Hessen-Marburg (bis 1604)

1618 - 1648
Dreißigjähriger Krieg

1685
"Freiheits-Konzession" Landgraf Karls

1699
Ansiedlung von Hugenotten im neu gegründeten Karlshafen

ab 1701
Anlage des Bergparks Wilhelmshöhe in Kassel

1711
Graf Anton Ulrich v. Waldeck wird Reichsfürst, Schloß Arolsen entsteht

1756 -1763
Siebenjähriger Krieg

24. 6. 1762
Schlacht von Wilhelmsthal

1776 -1783
Hessische Soldaten in Amerika

1789
Französische Revolution

1803
Reichsdeputationshauptschluß, Säkularisierung geistlicher Herrschaften und Mediatisierung der freien Reichsstädte, Landgrafschaft Hessen-Kassel wird Kurfürstentum

1806
Einmarsch napoleonischer Truppen

1807 - 1813
Hessen Teil des Königreiches Westfalen unter Jérôme Bonaparte

23.4.1809
Gescheiterter Aufstand Oberst v. Dörnbergs gegen französische Besetzung

1813
Völkerschlacht bei Leipzig, Ende des Königreiches Westfalen, Rückkehr des hessischen Kurfürsten

1830
Revolutionäre Unruhen in Hessen

1831
Kurhessische Verfassung

1845
Bau der ersten Eisenbahnlinie in Hessen-Kassel

1848/49
Revolution, Nationalversammlung (Paulskirche). Erste Henschel-Lokomotive "Drache"

1866
Preußisch-österreichischer Krieg, Annektion Kurhessens durch Preußen

1870/71
Deutsch-französischer Krieg, Nationalstaat "von oben", Napoleon III. in Kassel-Wilhelmshöhe gefangen

1901
Gründung der "Wandervogel"

1914
Bau der Edertalsperre

1914 - 1918
I. Weltkrieg

1918
Revolution, Ende des Kaiserreiches

1918 - 1933
Weimarer Republik

1923
Inflation, Hungerunruhen, Einführung der Rentenmark

1929
Weltwirtschaftskrise

1933 - 1945
NS-Herrschaft

1933
Hitler wird Reichskanzler, Aufbau von Konzentrationslagern, Verfolgung politischer Gegner, Repressalien gegen jüdische Mitbürger

1935
Antisemitische "Nürnberger Gesetze"

1938
"Anschluß" Österreichs, Einmarsch in das Sudetenland, organisierte Pogrome gegen jüdische Bürger am 9. November

1939
Einmarsch in die Tschechoslowakei

- 1945
II. Weltkrieg, Holocaust

1945
Neugründung Hessens "Großhessen", Zusammenschluß von Kurhessen, Nassau und Teilen des Volksstaates Hessen

1947
Erste hessischen Regierung gewählt

1948
Währungsreform

1949
Gründung von Bundesrepublik und DDR

ab 1952
Hermetische Abriegelung der Grenze zwischen DDR und Bundesrepublik

1989
Grenzöffnung

1990
Vereinigung, Beitritt der Länder der DDR zur Bundesrepublik

Literaturhinweise

Backes, Magnus; Feldtkeller, Hans:
Kunsthistorischer Wanderführer Hessen, Stuttgart 1962.
Bauer, Gerd:
Geheimnisvolles Hessen, Marburg 1992
Bing, Ludwig (Hg.):
Schloß Waldeck und der Edersee, Korbach o.J.
Burmeister, Helmut; Dorhs, Michael (Hg.):
Fremde im eigenen Land - Beiträge zur Kultur- und Sozialgeschichte der Juden in den alten Kreisen Hofgeismar, Wolfhagen und in der Stadt Kassel. Hofgeismar 1985.
Dascher, Ottfried:
Das Textilgewerbe in Hessen-Kassel. Marburg 1968 (= Veröffentlichungen der Historischen Kommission für Hessen und Waldeck Nr. 28).
Demandt, Karl Ernst:
Geschichte des Landes Hessen, Basel 1972 (2. Aufl.).
Ders.:
Schrifttum von Hessen, Marburg 1965 (Bd.I), 1981 (Bd.II), 1968 (Bd.III).
Deutsche Eisenbahnreklame (Hg.):
Friedrich-Wilhelms-Nordbahn, aus ihren Frühtagen, Kassel 1973.
Diederichs, U.; Hinze, C. (Hg.):
Hessische Sagen, Köln 1978.
Feldner, Claus:
Industriegeschichte(n) aus Nordhessen, Gudensberg-Gleichen 1990.
Franz, Eckhart G. (Hg.):
Die Chronik Hessens, Dortmund 1991.
Gross, Chlodwig (Redaktion):
Reise in die Geschichte: Hessen, Dortmund 1989.
Großmann, G. Ulrich; Hoppe, Katharina:
Nördliches Hessen, Köln 1991.
Heidelbach, Paul:
Kassel, Kassel/Basel 1957.
Heinemeyer, Walter (Hg.):
Das Werden Hessens, Marburg 1986.
Heitzenröder, Wolfram u.a. (Hg.):
Hessen. Denkmäler der Industrie und Technik, Berlin 1986.
Heßler, Carl (Hg.):
Hessische Landes- und Volkskunde, Bd. I und II, Marburg 1904/07.
Ide, Werner:
Von Adorf bis Zwesten, Melsungen 1972.
Jaeger, Kurt S.:
Hessischer Kuriositätenführer, Königstein/Ts. 1981.
Kesper, Dieter E. (Hg.):
Damals. Geschichte und Geschichten der Heimat rund um Eschwege. Eschwege 1989.
Kleinschmidt, Arthur:
Geschichte des Königreichs Westfalen, Gotha 1893, Nachdruck: Kassel 1970.
Landau, Georg:
Beschreibung des Kufürstenthums Hessen, Kassel 1842.
Landesamt für Denkmalpflege Hessen (Hg.):
Denkmaltopographie Bundesrepublik Deutschland. Kulturdenkmäler in Hessen. Kreis Kassel I. Braunschweig/Wiesbaden 1990.
Landgrebe, Erich:
Landkreis Kassel. Hessens grüne Nordspitze. Melsungen 1980.
Losch, Philipp:
Soldatenhandel. Kassel 1974 (Nachdruck).
Mildenberger, Gerhard:
Römerzeitliche Siedlungen in Nordhessen (Kasseler Beiträge zur Vor- und Frühgeschichte, 3), Marburg 1972.
Pfeiffer, Ludwig:
Die Geschichte des Schlosses Spangenberg, Spangenberg 1987.
Prior, Kurt; Wieden, Peter (Hg.):
Niedenstein, Gudensberg-Gleichen 1987.
Reimer, Heinrich:
Historisches Ortslexikon für Kurhessen (Veröffentlichungen der Historischen Kommission für Hessen 14), Marburg 1974.
Rippe, Klaus Peter (Hg.):
Nordhessens Sagen, Gudensberg-Gleichen 1991.
Roth, Helmut; Wamers, Egon (Hg.):
Hessen im Frühmittelalter, Sigmaringen 1984.
Sakai, Eihachiro:
Der kurhessische Bauer im 19. Jahrhundert und die Grundlastenablösung (Hessische Forschungen zur geschichtlichen Landes- und Volkskunde, 7), Melsungen 1967.
Salow, Edmund:
Das Zunftwesen in Kassel bis zum Erlaß der hessischen Zunftordnung 1693 (= Hess. Forschungen Bd. 12, hg. v. Verein f. hess. Geschichte und Landeskunde), Hess. Lichtenau 1978.
Schultz, Uwe (Hg.):
Die Geschichte Hessens, Stuttgart 1983.
Seume, Johann Gottfried:
Mein Leben, Stuttgart 1961.
Staatl. Kunstsammlungen Kassel (Hg.):
Aufklärung und Klassizismus, Kassel 1979.
Straub, August:
Nordhessen, Bd. 1 & 2, Nürnberg 1969/70.

Historisch Interessierte finden viele wertvolle Hinweise und Aufsätze zu Spezialthemen in den Jahrbüchern der jeweiligen Kreise, den Periodika "Hessische Heimat", "Hessischer Gebirgsbote" und in der "Zeitschrift für hessische Geschichte und Landeskunde", die in Bibliotheken vorhanden sind.